NEIL PASRICHA

FANTASTISCH

NEIL PASRICHA

FANTASTISCH

1000 ALLTÄGLICHE DINGE, DIE UNS GLÜCKLICH MACHEN

Der Duft frischer Brötchen, die ersten Schneeflocken, mit leerem Tank die letzte offene Tankstelle erreichen …

Aus dem Amerikanischen von
Ines Klöhn

Mit Illustrationen von
Thomas August Günther

KAILASH

Die amerikanische Originalausgabe erschien 2010
unter dem Titel »The Book of Awesome«
bei Amy Einhorn Books, Penguin Group, New York, USA.

MIX
Papier aus verantwortungsvollen Quellen
FSC® C014889

Verlagsgruppe Random House FSC-DEU-0100
Das für dieses Buch verwendete FSC®-zertifizierte Papier
EOS liefert Salzer Papier, St. Pölten, Austria.

1. Auflage
Deutsche Erstausgabe

Lektorat: Evelyn Boos
Satz: Barbara Rabus
Druck und Bindung: Friedrich Pustet KG, Regensburg
Printed in Germany
ISBN 978-3-424-63037-4

www.kailash-verlag.de

Wie alles angefangen hat

Das Polareis schmilzt, Hurrikane fegen über die Meere hinweg, überall auf der Welt wüten Kriege, und auf dem Arbeitsmarkt sieht es auch nicht gerade rosig aus.

Brr!

Ganz schön ungemütlich da draußen.

Deshalb rief ich in einer kühlen Frühlingsnacht eine kleine Website namens »1000 fantastische Dinge« ins Leben, die bald willkommene Abwechslung in meinen geregelten, eintönigen Alltag brachte.

Ich hätte nie geglaubt, dass etwas dabei herauskommen könnte, wenn man über den Geruch von Benzin schreibt oder darüber, wie es ist, in der Tasche eines alten Mantels Geld zu finden oder jemanden am Telefon lachen zu hören.

Ganz am Anfang fand ich es schon spannend, als meine Mutter den Link zu der Website an meinen Vater weiterleitete und sich so die Zugriffe verdoppelten. Noch aufregender wurde es, als Freunde andere Freunde darüber informierten und mir schließlich sogar Fremde ihre Vorschläge zuschickten: »Wenn im Supermarkt eine neue Kasse öffnet«, »Der Geruch von Regen auf einem heißen Gehsteig«, »Wenn dir beim Aufwachen einfällt, dass Samstag ist«.

Offenbar sind diese kurzen Momente für viele von uns bedeutsame Lichtblicke im stressigen und verplanten Alltag. Vielleicht lassen wir alle gern Luftpolsterfolie knallen oder freuen uns, wenn es schneit oder wenn es uns gelungen ist, eine Orange in einem Zug zu schälen.

Vielleicht sind wir ja im Grunde alle gleich.

In einem Jahr entwickelte sich die Webseite zu einem wohlig warmen Ort, an dem sich Leute aus aller Welt in eine Decke kuscheln und über die kleinen Freuden nachdenken, die wir häufig übersehen. Bei all den traurigen und schlechten Nachrichten, die täglich auf uns einströmen, tut es gut, einen Moment innezuhalten und mit anderen Menschen ein paar Glücksmomente zu teilen.

Was aus einer Laune heraus begann, hat auch mich positiv verändert. Wenn ich heute einem anderen Autofahrer die Vorfahrt lasse und er sich mit einem freundlichen Winken bei mir bedankt, wenn ich das Klirren der Eiswürfel in meinem Drink höre oder die Wäsche von der Waschmaschine in den Trockner transportiere, ohne etwas fallen zu lassen, lächle ich zufrieden und genieße den Moment.

So viel zum Hintergrund des Ganzen. Doch jetzt wollen wir beginnen. Das Feuer im Kamin knistert und das Sofa hält einen kuscheligen Platz für uns bereit. Machen wir es uns gemütlich und fangen an.

Auf dass wir alle auf den Geschmack kommen und ein kleines bisschen FANTASTISCH werden!

Die andere Seite des Kissens

Liegst du auch manchmal mitten in der Nacht hellwach im Bett?

Dann kennst du das bestimmt: Die Uhr zeigt schon halb zwei, aber du liegst mit offenen Augen da und trommelst ärgerlich mit den Fingerspitzen auf das Laken. Deine Augen haben sich schon lange an die Dunkelheit gewöhnt und schweifen unruhig durch den Raum, suchen nach dunklen Gestalten oder beobachten das Schattenspiel, das der Mond an die Wände zaubert. Vielleicht grübelst du über etwas nach, das dir keine Ruhe lässt, oder du musst am nächsten Morgen eine Präsentation halten. Vielleicht ist es aber auch einfach nur der Ärger über deine Schlaflosigkeit, der dich nicht schlafen lässt.

Also stellst du dich tot und versuchst, so lange wie möglich still zu liegen. Dann wälzt du dich von einer Seite auf die andere, versuchst es mal auf dem Bauch, mal auf dem Rücken. Du stehst auf und gehst ins Bad oder liest ein paar Seiten. Vielleicht schüttelst du auch die Decken neu auf, die sich zu einem Knäuel verwickelt haben, das nur knapp deine Beine bedeckt.

In solchen Nächten wirkt ein ganz simples Mittel oft Wunder: Du drehst das Kissen um.

Ja, so einfach ist das, du probierst es einmal mit der anderen Seite des Kopfkissens, und du wirst sehen: Auf einmal bist du wieder wohlig entspannt. Die andere Seite des Kissens! Die ist glatt, wenn die Kehrseite zerknittert ist, frisch, wenn die Kehrseite müffelt, und kühl, wenn dir heiß ist.

FANTASTISCH!

Wenn im Supermarkt eine neue Kasse öffnet

Ich gebe es ungern zu, aber im Supermarkt gehöre ich zu den langsamen, ewig unentschlossenen Kunden, die an der Kasse lange Wartezeiten produzieren.

Ich mag es gern billig und kontrolliere deshalb mit Adleraugen jeden Preis auf dem Display. Nicht selten sage ich dann: »Oh, ich dachte, das ist im Angebot«, und zwinge die Kassiererin, zwecks Preiskontrolle in der Produktabteilung anzurufen, wo niemand abnimmt.

Oder ich sage: »Ach, das möchte ich doch nicht mehr«, und sie muss sich überlegen, wo sie das schmelzende Eis am Stiel vorübergehend unterbringt, das ich in letzter Minute von meiner Einkaufsliste gestrichen habe.

Und weil ich das Display so genau im Auge behalte, tüte ich meine Einkäufe erst spät ein, hantiere tollpatschig mit meinem Geldbeutel und blockiere zu guter Letzt mit meinem Einkaufswagen ungeschickt den Durchgang.

Ja, ich blockiere die Kasse und bin damit einer der vier Kundentypen, hinter denen du lieber nicht anstehst, zusammen mit:

- der zittrigen Oma, die einen Haufen warmer Fünfcentstücke auf den Ladentisch kippt und dann Münze für Münze mit dem Zeigefinger langsam über die Theke schiebt,

- dem Schnäppchenjäger, der mit einem zerknitterten Coupon-Flyer ankommt und die Kassiererin jeden Angebotscoupon einzeln heraustrennen lässt, während sich hinter ihm alle die Beine in den Bauch stehen,

- der Mathe-Niete, die sich mit einem Berg von Produkten an der Express-Kasse anstellt und unschuldig tut.

Diese Endlosschlangen an der Kasse können einem ganz schön auf die Nerven gehen. Da heißt es dann tief durchatmen und auf den Blutdruck achten.

Was kann einem in einem solchen Moment Schöneres passieren als eine neue Kassiererin, die munter auf der Bildfläche erscheint, das Schild mit der Aufschrift »Nächste Kasse, bitte« weglegt, die Lampe über ihrer Kasse anknipst und der mürrischen, entnervten Menge laut und fröhlich zuruft: »Der Nächste, bitte!«

Geht über einer neuen Kasse das Licht an, breitet sich ein heller, warmer Schein über alle Wartenden aus. Typen wie ich haben ein weniger schlechtes Gewissen, wenn sie die Kasse blockieren, und die Leute am Ende der Schlange sind plötzlich die Ersten. Die Stimmung unter den Wartenden verbessert sich schlagartig: Das Stimmengewirr schwillt an und ab und zu wird sogar gelacht.

FANTASTISCH!

Aus dem Trockner direkt auf die Haut

Gibt es etwas Schöneres, als in eine Garnitur dampfender Unterwäsche zu schlüpfen, die frisch aus dem Trockner kommt? Das ist wie splitternackt ein Dampfbad nehmen, auf ein Pferd aufsitzen, das den ganzen Tag in der Sonne stand, und an einem warmen Sandstrand liegen – und das alles gleichzeitig! Natürlich währt der Augenblick nur kurz, die Wäsche ist aufgeladen, und du musst dich im Waschsalon wirklich schnell umziehen.

Aber heiße Unterwäsche, das ist

FANTASTISCH!

Hol dir den Kick

Rutschen waren früher gefährlich.

War man die sandigen Metallstufen hinaufgeklettert, schaute man ehrfürchtig auf die steile Bahn hinunter. Wenn sie nach einem Tag in der Sonne wie eine heiße Herdplatte glühte, konnte man sich beim Rutschen leicht den Hintern verbrennen. Es roch nach heißem Pipi. Kein Wunder, schließlich markierten dort ständig nervöse Kinder mit undichten Windeln ihr Territorium. Natürlich gab es auch keine netten Plastikgeländer oder geschlossene Röhrenrutschen. Wenn man zu schnell war oder mit den Füßen schlecht gesteuert hatte, schoss man über die Seite hinaus und landete unsanft bäuchlings im Kies, direkt neben Zigarettenkippen und Mariendisteln.

Doch nicht nur die Rutschen waren gefährlich. Alles auf dem Spielplatz hatte so seine Tücken. Die Geräte waren abenteuerlich und schienen das Werk benachbarter Heimwerker zu sein, die eines Samstagmorgens in kreativem Tatendrang alte Reifen, Holzbretter und Ketten aus ihren Garagen gekramt und diese einfach zusammengebaut hatten.

Hoch über dem Boden hingen an Drahtseilen befestigte Holzbalken, an denen sich mutige kleine Sportler mit Herzklopfen als Trapezkünstler bewiesen, während die übrigen Kinder sie mit Salven von Sand und Kiefernzapfen anfeuerten.

Es gab zwei Stockwerke hohe Feuerwehrstangen – gewöhnliche, billige Stangen, die tief im Boden verankert waren. Sie waren nicht nur beliebt, sondern auch sehr lehrreich, denn sie führten die Kinder be-

hutsam an Themen wie Schwerkraft, Reibung und verstauchte Knöchel heran. Um nach unten zu kommen, umschlang man die Stange mit Armen und Beinen und glitt in einer seltsam linkischen und zugleich anmutigen Schneidersitzhaltung daran hinab.

Und dann war da noch mein Lieblingsgerät: die große Schleuder, auch Rollerkarussell genannt. Dabei handelte es sich um einen zirka 30 Zentimeter über dem Boden schwebenden großen Metallring, den man von außen antreiben konnte. Wenn man Glück hatte, konnte man mit einem Haufen anderer Kinder aufsteigen und ein netter Vater wirbelte die Schar in eine fantastische Welt des Schwindels. Die Fliehkraft riss einige Kinder nach außen, doch die meisten bissen die Zähne zusammen und klammerten sich mit zugekniffenen Augen und fliegenden Haaren weiter fest, bis die große Schleuder allmählich austrudelte und alle absteigen konnten. Die Kinder torkelten dann in verschiedene Richtungen davon – manche direkt gegen einen Baum, andere den nächsten Hang hinunter.

Solche Spielplätze sind heute selten.

Der moderne Spielplatz ist aus Plastik, temperaturneutral, leicht zu desinfizieren und mit abwaschbaren Anti-Rutsch-Stickern gesichert. Hervorstehende rostige Nägel sind passee. Das lässt nicht nur den Spaßfaktor ins Bodenlose sinken. Nicht auszudenken, was wir damit der Pharmabranche antun, die den Tetanus-Impfschutz anpreist.

Doch im Ernst: Neue Spielplätze sind furchtbar. Nach Ansicht von Experten sind viele Spielplätze inzwischen so langweilig, dass die Kinder lieber auf Bahnhöfen herumhängen oder Hauswände besprühen. Vielleicht sind diese sterilen Plastikwelten eine noch viel größere Gefahr als die alten Spielplätze? Schließlich sind sie mit schuld daran, dass Kinder heute lieber stundenlang vor dem Computer sitzen, anstatt sich in der frischen Luft ein paar blaue Flecken zu holen. Und wem haben wir diesen Schlag gegen eine ausgelassene Kindheit zu verdanken? Überängstlichen Eltern und übertriebenen Rechtsvorschriften.

Nun, die Welt ist, wie sie ist, daran können wir nichts ändern. Freuen wir uns deshalb über die gute Nachricht: Sie sind noch nicht ganz ausgestorben, die alten Spielplätze, auf denen man noch richtig Spaß haben kann. Immer noch findet sich das ein oder andere Spielgerät mit Nervenkitzelfaktor, das den Sicherheitsfanatikern und ihren zwei Zentimeter hohen Schaukelpferdchen mit den fest verbolzten Haltegriffen und der watteweichen Sandimitation noch nicht zum Opfer gefallen ist.

Wenn du also eine Affenschaukel entdeckst, die dich aus drei Metern Höhe lockt, oder eine hohe, verlängerte Schaukel, die dich fast bis zu den Wolken trägt, oder eine wackelige, altersschwache Hängebrücke, der bereits einige Bretter fehlen, dann tob dich aus! Auch wenn du dir Beulen und verstauchte Knöchel holst – es lohnt sich!

FANTASTISCH!

Wenn Jung und Alt gemeinsam tanzen

Kennst du das: Du stehst auf der Tanzfläche und fühlst dich entweder zu alt oder zu jung?

Vielleicht hast du dich schon einmal mit deinem Mann für einen Tanzkurs angemeldet, zu dem die übrigen Teilnehmer mit einem Shuttlebus vom Altersheim anreisten. Oder du wolltest deine Frau an eurem zehnten Hochzeitstag mit einem romantischen Tanzabend überraschen und bist stattdessen in einem Diskoschuppen voller weißer Baseballkappen, Glasperlenketten und Alkopops gelandet. Oder du weißt aus Erfahrung, dass »jeden Alters« meist »jeden Alters unter 18« bedeutet.

Kurzum: Du weißt, wovon ich spreche, wenn du dir schon irgendwann einmal gesagt hast: »Mann, hier komme ich mir aber alt vor«, oder »Täusch ich mich, oder riecht es hier nach Mobilat?« Es ist nicht so, dass Leute verschiedener Altersgruppen keinen Kontakt miteinander knüpfen können, sie amüsieren sich nur meist zu verschiedenen Rhythmen.

Und vielleicht macht gerade das den Reiz einer Hochzeitstanzfläche aus.

Sie ist einer der wenigen Orte, an denen sich Tanzende aller Generationen auf faszinierende Weise mischen.

Da sieht man Großmütter mit ihren fünfjährigen Enkeln zu *What a Wonderful World* Stehblues tanzen, alte Männer, die sich als Crowdsurfer von verschwitzten Teenagern über die Menge tragen lassen, dazu Polonaisen in allen Formen und Längen und Menschentrauben um alles, was gerade sehenswert erscheint – sei es ein Walzer tanzendes Vater-Tochter-Gespann oder eine beschwipste Brautjungfer und ein neunzigjähriger Opa im Rollstuhl, die zusammen auf der Tanzfläche kreisen.

Es ist ein seltenes und großartiges Ereignis, wenn Jung und Alt gemeinsam tanzen. Ein zauberhafter Moment, bei dem Grenzen überschritten werden und die magische Kraft der Musik uns alle an einen kleinen Ort zusammentreibt, wo wir völlig hemmungslos den Augenblick genießen.

FANTASTISCH!

Verbotene Nickerchen

Was gibt es Schöneres, als an einem sonnigen Samstagnachmittag im Garten hinter dem Haus in der Hängematte zu liegen, sich nach der Schule mit einem Schläfchen für die Kneipentour am Abend zu rüsten oder während eines Fußballspiels auf dem Sofa einzunicken? Du weißt es nicht?

Dann verrate ich's dir: verbotene Nickerchen. Heimlich ein Schläfchen einzulegen, wenn man es nicht sollte, hat seinen ganz besonderen Reiz – den Reiz des Verbotenen. Das ist, als würde man sich während einer Vorstellung heimlich ins Kino schleichen, in einem Restaurant ein kostenlos nachfüllbares Glas Sodawasser mit der Freundin teilen oder den neuen Pullover unbemerkt durch die Passkontrolle schmuggeln.

Probier es aus: Fahr einfach in der Mittagspause auf einen nahe gelegenen Parkplatz, kurble den Fahrersitz nach hinten und gönn dir vor dem arbeitsreichen Nachmittag eine kleine Auszeit.

Sündhaft schön sind auch die Faulenzertage, an denen du nach einer durchzechten Nacht völlig gerädert aufwachst, eine Stunde im Internet surfst, dabei eine Tüte Popcorn futterst und dich gleich darauf wieder ins Bett fallen lässt, um den ganzen Nachmittag lang durchzuschnarchen. Verbotene Nickerchen! Die gönnst du dir in den Toiletten während der Arbeitszeit und im Bus kurz vor der Haltestelle. Sogar mitten in der Verzweiflung über eine näher rückende Abgabefrist lässt du dich dazu hinreißen. Denn du redest dir ein, nach einem kurzen Nickerchen erledigst du den Papierberg auf deinem Schreibtisch umso schneller.

Komm schon! Das Leben ist zu kurz, um nicht zu schlafen, wenn du schlafen möchtest. Also lass den Rollladen runter, schalt den Wecker aus und schlaf fest, schlaf lang und schlaf mit Stolz.

FANTASTISCH!

Einen Polizisten am Straßenrand sehen und erleichtert feststellen, dass man sich an die Geschwindigkeitsbegrenzung hält

Der Adrenalinspiegel steigt.

Der Adrenalinspiegel sinkt.

FANTASTISCH!

Wenn die Mischung stimmt

Auf dem Boden einer Müslischüssel können die Dinge ganz schön unterschiedlich ablaufen:

Möglichkeit Nummer 1: Das Milchbad. Du hast zu schnell gegossen und die Schüssel fast zum Überlaufen gebracht und löffelst jetzt, was das Zeug hält, bis du nach viel Milch und vielen pampigen Honey Loops am Boden der Schüssel auf einen Zentimeter hohen, sandfarbenen Sirupschlick stößt. Tja, da bleibt nur eins: Hoch die Schüssel, leere sie und begrüße den honigsüßen Morgen.

Möglichkeit Nummer 2: Der Cornflakes-Strand. Hier landest du mit zu viel Müsli und zu wenig Milch. Dass du auf dem Trockenen sitzt und die Cornflakes knuspriger sind, als ihnen guttut, merkst du spätestens dann, wenn du dich halb durch die Schüssel gearbeitet hast. Nehmen wir an, dir ist die Milch ausgegangen oder du bist einfach zu faul, dir nachzuschenken, dann solltest du jetzt schleunigst rationieren und auf jeden Löffel nur so viel Milch nehmen wie unbedingt nötig. Hoffen wir, du kommst damit hin, sonst klebt am Schluss ein dicker Klumpen angefeuchteter Cornflakes an deinem Schüsselrand. Und das ist kein Zuckerschlecken, das sag ich dir gleich.

Möglichkeit Nummer 3: Eintracht in der Müslischüssel. Schwebst du auch im siebten Himmel, wenn dir der perfekte Milch-Müsli-Mix gelingt?

Mein Freund Mu ist so jemand. Für ihn ist die perfekte Eintracht in der Müslischüssel eine respektwürdige Kunst, nach der er schon jahrzehntelang strebt. Bei der Absorption von Milch kennt er sich aus und weiß genau: Eine Schüssel Froot Loops und eine Schüssel Frosties haben nichts miteinander gemein – es sei denn ein Dschungeltier, das für sie Werbung macht. Laut Mu treiben Froot Loops oben auf, ohne sich vollzusaugen, während Frosties knusprige Schwämmchen sind, die viel mehr Milch brauchen. Und dann ist da noch die Schüssel selbst. Eine große, tiefe Schüssel macht zwar was her, doch Größe kann täuschen und lässt dich leicht zu viel Milch eingießen. Gehörst du zu den fortgeschrittenen Müsli-Essern? Dann ist die geduldige Kunst des »Aussitzens« das Richtige für dich. Du lässt das leckere Müsli einfach ein, zwei Minuten auf dem Frühstückstisch stehen, bis die Milch einzieht. So verhinderst du den gefürchteten knochentrockenen und viel zu knusprigen ersten Happen. Das ist nichts für Willensschwache oder Heißhungrige. Nein, das ist fortgeschrittener Genuss für fortgeschrittene Müsli-Esser.

Wenn du beim Frühstück die Milch-Müsli-Mischung richtig hinbekommst, kannst du dich jedenfalls glücklich schätzen, weil bis zum letzten Löffel alles glattgeht, und das ganz ohne Milchbad oder Cornflakes-Strände.

Hmm!

FANTASTISCH!

Wenn du mit einem vollen Tablett verlegen in der Kantine stehst und plötzlich einen Freund entdeckst, der dich an seinen Tisch winkt

Auf einem instabilen Plastiktablett balancierst du einen schwankenden Eistee und einen Teller mit einem dampfenden Roastbeef, wässrigem Kartoffelbrei und farblosen Babykarotten, verlässt den Selbstbedienungsbereich der Kantine und stehst verlegen vor den vollbesetzten Tischen und weißt nicht, wo du dich hinsetzen sollst.

In der Mensa, der Kantine am Arbeitsplatz oder im Selbstbedienungsrestaurant im Einkaufszentrum – überall ist es dasselbe: Alle lachen – vielleicht über dich – und du stehst dämlich in der Gegend herum und starrst auf das Meer fröhlicher Gesichter.

Du fühlst dich fehl am Platz.

Die Sekunden verstreichen, du wirfst einen flüchtigen Blick in den Raum, tust so, als würdest du Ketchup suchen, und läufst zwischen den Tischen hin und her, um niemandem im Weg zu stehen. »Hoffentlich beobachtet mich keiner«, denkst du, und dir wird bange. Schon siehst du dich einsam und allein an einem Tisch sitzen und verlegen an deinem Eistee nippen.

Doch da entdeckst du sie plötzlich.

Da hinten sitzen deine Freunde.

Und sie winken dir zu.

FANTASTISCH!

Schlag ein, Baby!

Halte einem Baby deine Hand zum Einschlagen hin, und du wirst sehen, es lässt dich nicht im Stich.

FANTASTISCH!

Wenn du im Flugzeug eine ganze Reihe für dich allein hast

Es war zu schön, um wahr zu sein.

Vor ein paar Jahren saß ich in einem Flugzeug auf dem mittleren Platz einer Sitzreihe. Es war kurz vor dem Start, und der Gangplatz neben mir war noch frei. Ich saß angeschnallt und verkrampft in meinem engen Sitz, während das Flugpersonal die Gepäckfächer zuschlug und Decken austeilte und die Passagiere geistesabwesend im Flugmagazin blätterten und Artikel über exotische Hotel-Lobbys überflogen. Und der Platz neben mir blieb leer.

Alle Passagiere schienen an Bord, also wagte ich klammheimlich den Wechsel und schnappte mir den leeren Platz – innerlich triumphierend wie ein Champion. Zufrieden grinsend machte ich es mir auf dem Sitz gemütlich, genoss die neu gewonnene Ellenbogenfreiheit und streckte meine Beine bequem in den Gang.

Ein himmlisches Gefühl – das jedoch nicht lange anhielt. Kurz bevor die Türen schlossen, betrat ein korpulenter Typ im engen Anzug das Flugzeug. Er rang keuchend nach Luft, und Schweiß tropfte von seiner Stirn. Zielstrebig schnaufte er den Gang entlang auf meine Reihe zu. Das Spiel war aus, und ich wich auf meinen Sitz in der Mitte zurück, während er am Gang Platz nahm. Wie sich herausstellte, hatte er verschlafen und war in letzter Minute zum Flughafen geeilt. Da war keine Zeit gewesen für eine Dusche. Im Gegenteil: Sein Hemd war durch-

geschwitzt und klebte an seinem fettigen Nacken. Als die Schweißperlen auf seiner Stirn auf meinen Ärmel tropften, überließ ich ihm freiwillig die Lehne, verschränkte Arme und Beine und wickelte mich wie für einen Winterschlaf über den Wolken kokonartig in meine Decke und versuchte zu schlafen.

So geht es mir fast bei jedem Flug.

Ab und zu habe ich aber Glück und erwische einen relativ leeren Flieger, in dem ich ganz allein in einer Reihe sitze. Das ist Luxus pur und hat entscheidende Vorteile:

- Pinkeln gehen, wann immer du willst. Du kannst jederzeit aufstehen und dir die Füße vertreten – und zwar ohne dich vorher unbeholfen am Getränketablett deines Nachbarn vorbeiquetschen zu müssen.

- Freie Sicht. Der Blick aus einem Flugzeugfenster ist fantastisch – schade nur, dass die Person am Fensterplatz entscheidet, ob du ihn genießen darfst oder nicht. Und meist versperren diese Leute gerade dann die Sicht, wenn du hinausschauen willst, oder sie ziehen die Fensterblende gleich ganz herunter – ein Problem weniger, wenn du die Reihe ganz für dich hast.

- Entspannte Arme. Plötzlich hast du Armlehnen nach Belieben – für den linken oder den rechten Arm, ganz wie du willst, denn kein fremder Arm wird sie dir streitig machen.

- Im Liegen fliegen. Mit etwas Glück kommst du sogar in den Genuss eines Sitzreihen-Nickerchens. Dazu klappst du die Armlehnen nach oben, und schon verwandeln sich deine drei

Sitze in ein gemütliches Bett. Von solchem Komfort à la Economy können die Passagiere auf den teuren Liegesitzen der ersten Klasse nur träumen.

Auf drei Sitzen fliegen, das ist herrlich! Alle glauben, du bist unglaublich reich und hast für drei Sitze bezahlt, um mehr Platz zu haben. Denn mal ehrlich: Fliegen ist selten ein Vergnügen, doch schon ein bisschen Ellenbogenfreiheit mehr kann den entscheidenden Unterschied machen und drei qualvolle Stunden in drei angenehme verwandeln.

Und das sollten wir nutzen, wann immer es geht.

FANTASTISCH!

Knallende Luftpolster

Zeit für Belanglosigkeiten.

Weißt du eigentlich, was die Erfinder von Luftpolsterfolie tatsächlich entwickeln wollten, als sie 1957 für das Unternehmen Sealed Air dieses ultimative Verpackungsmaterial herstellten? Nein? Dann verrate ich's dir. Aber schauen wir uns vorher einmal an, was sie uns tatsächlich beschert haben. Denn du kannst es damit richtig knallen lassen. Und so wird's gemacht:

1. **Der Klassiker.** Das ist der ideale Knaller für zwischendurch. Zerquetsche die Luftpolster einfach zwischen Daumen und Zeigefinger, und du wirst sehen, deine Stimmung steigt von Knall zu Knall.

2. **Der Megaknaller.** Bei dieser trickreichen Variante wickelst du die Luftpolsterfolie vorsichtig zu einem festen Ball zusammen und drückst das Ganze dann fest gegen deinen Körper. Auch eine prima Methode, unbeliebte Nachbarn zu erschrecken.

3. **Hier entlang.** Für diesen Spaß brauchst du ein großes Stück Folie, eventuell von einem neuen Fernseher oder Kühlschrank. Leg die Folie auf den Boden, zieh deine Socken aus und lauf darauf herum. Geh vorwärts, rückwärts oder auch im Kreis, ganz egal, denn solange du läufst, knallt's. Und knallt es irgendwann doch nicht mehr, nimmst du die Folie genau unter die Lupe, denn das eine oder andere Pölsterchen findest du bestimmt noch.

4. **Der Büroknaller.** Auch am Arbeitsplatz legst du die Folie am besten auf den Boden und fährst den ganzen Tag mit deinem Bürostuhl darauf herum. Glaub mir, deine Kollegen werden es lieben.

5. **Die Knallwurst.** Hierzu rollst du die Folie wie einen Teppich auf und drehst diese Wurst kraftvoll mit den Händen in entgegengesetzte Richtungen. Danach hast du eine gut »geknallte« Zone in der Mitte deiner Folie und musst dich nur noch um den Rest kümmern.

6. **Mini-Knaller.** Manchmal erwartest du in einer Schachtel ungeheure Mengen Knallfolie – und heraus kommt ein kleiner, dünner Streifen Minipölsterchen. Enttäuscht? Ach was! Mach das Beste draus und lass die Minis knallen.

Glaub mir, knallende Luftpolster machen das Leben schöner. Sie sind nicht nur ein wirksames Mittel gegen Stress und eine lustige Überraschung. Dank ihnen kannst du an einem Tag im Büro oder beim Auspacken nach einem hektischen Umzug noch einmal Kind sein.

Wie gut, dass sie die Luftpolster zu Verpackungsmaterial gemacht haben und nicht zu Strukturtapete!

FANTASTISCH!

Wenn du auf einer Hochzeit bist und dein Tisch zuerst ans Büfett gerufen wird

Es gibt zwei Möglichkeiten, wie eine Hochzeit für dich laufen kann.

Möglichkeit Nummer 1: Du gehörst zu den engsten Vertrauten von Braut und Bräutigam – als Bruder, Schwester oder Oma vielleicht –, oder du warst ihr Mitbewohner während des Studiums. Dann bist du ein Insider, schlägst Fotografen vor, richtest die Brautparty aus, leihst dir einen Smoking und bringst an der Feier einen Trinkspruch auf das Paar aus. Du hast Glück: Die Hochzeit wird für dich ein prima Tag, an dem du mit Stolz jemanden feierst, den du von Herzen gern hast.

Möglichkeit Nummer 2: Vielleicht bist du der Arzt des Bräutigams, der neue Chef der Braut oder im schlimmsten Fall der Begleiter einer Cousine. Dann gehörst zu den Outsidern. Du bist nur dabei, weil es unhöflich gewesen wäre, dich nicht einzuladen. In diesem Fall antwortest du erst spät auf die Einladung, zwängst dich in deine Abschlussballklamotten und nimmst bereits vor dem Empfang einen Drink. Im Restaurant sitzt du am hintersten Tisch, zusammen mit einem Haufen Leute, die du noch nie zuvor gesehen hast, und irgendwann spät in der Nacht machst du dich während eines schweißtreibenden Partysongs auf der Tanzfläche mit mindestens einer Hälfte des frisch verheirateten Paars bekannt. »Du siehst echt fantastisch aus«, brüllst du gegen die dröhnende Musik an, wobei du dein halbvolles Bierglas wild durch die Luft schwenkst. »Ich bin übrigens Cory, ein Kollege von Linda!«

Wenn du zu den Insidern gehörst, ist eine Hochzeit wunderbar. Während der Reden bist du zu Tränen gerührt, du machst Hunderte von Fotos, tanzt bis zum Morgengrauen, und spätestens um zwei Uhr morgens haben sich deine geschwollenen Zehen durch die neuen Nylonstrümpfe gebohrt.

Gehörst du zu den Outsidern, checkst du die Brautjungfern ab, isst die Hochzeitspralinen anderer Gäste und bestellst dir Extra-Drinks an der Bar. Als Outsider gibt es für dich nur ein einziges wahres Highlight auf einer Hochzeit und das ist, wenn du als Erster ans Büfett gerufen wirst. Mit einem Schlag gehörst du zu den Privilegierten: Vor allen anderen Gästen darfst du dir das leckere Hochzeitsessen auf den Teller schaufeln. Du tauchst die Kelle in die Sahnesoße, wenn sie noch nicht von einer ekligen Haut überzogen ist, spießt Fleischbällchen auf, bevor sie zu einer süßlichen Fleischpyramide verbacken sind, und lädst dir ein Stück Käsekuchen auf den Teller, bevor eine matschige Mischung aus Keksmasse und Kirschsaft die Kuchenplatte überzieht.

Der Erste am Büfett! Was gibt es auf einer Hochzeit Besseres? Du schielst nicht neidisch auf die vollen Teller vorbeilaufender Gäste, während dir das Wasser im Munde zusammenläuft und du angestrengt versuchst, dich auf den Smalltalk mit deinem Nachbarn zu konzentrieren und den Tischschmuck zu loben.

Wenn du zu den Ersten gehörst, gehst du hoch erhobenen Hauptes wie ein frisch gekrönter König zu Tisch Nummer 57 zurück, nimmst auf deinem Thron mit Blick auf die Toiletten Platz und widmest dich genussvoll deinem üppigen Teller Kartoffelsalat mit Gewürzgurken und aufgerollten Salamischeiben.

FANTASTISCH!

Wenn jemand beim Monopoly-Spielen auf dem Hotel landet, das du eben gebaut hast

Das Geld für ein Hotel auf der Schlossallee zusammenzubringen ist nicht einfach.

Vielleicht musst du deine Elektrizitätsgesellschaft mit einer Hypothek belasten – oder es geht dein Vorrat an Hundertern dafür drauf, den du am Spielfeldrand gebunkert hast. Eines ist jedenfalls sicher: Nichts kann dich nach einer solchen Investition mehr beglücken als ein Spieler, der in der nächsten Runde just auf deinem Hotel landet.

Mit einem Hotel kommt neue Spannung ins Spiel. Vorbei ist die Zeit der schnellen Runden, in denen man eine Immobilie nach der anderen gekauft, Karten zur Entlassung aus dem Gefängnis gesammelt und bei Schönheitswettbewerben den zweiten Platz geholt hat. Nein, mit einem Hotel auf dem Feld geht das Monopoly-Spiel gnadenlos in Runde zwei und macht dich im Handumdrehen entweder zum Superreichen oder zum armen Schlucker.

Landet ein Spieler auf deinem neu gebauten Hotel, verstummt er erst und gibt den Würfel dann schnell zum Nächsten weiter – in der stillen Hoffnung, du hast nichts bemerkt.

Doch du hast es selbstverständlich bemerkt und weist ihn höflich und fast beiläufig darauf hin.

»Oh, Schlossallee? Warte mal, da war doch was. Sehen wir mal nach. Ach ja! Oh, sorry! Das wären 2000 Euro, bitte!«

»Wie bitte? 2000 Euro?«

»Ja, tut mir wirklich leid. Das ist wegen dem Hotel, weißt du.« Lässig zeigst du ihm die Grundstückskarte.

»Das ist doch verrückt«, erwidert dein Gegenüber nach einem Blick auf die Karte. »Da geht ja mein ganzes Geld drauf, oder ich muss eine Hypothek auf die Badstraße aufnehmen.«

»Tut mir leid, Kumpel. Wenn du willst, nehme ich stattdessen deinen Bahnhof.«

Dein Gegenüber entrüstet: »Wie bitte!? Auf keinen Fall! Dann hätte ich ja nur noch die Bad- und die Parkstraße. Vergiss es! Ich bin doch nicht verrückt!«

»Gut, dann bleibt es also dabei: 2000 Euro, bitte.«

Mürrischen Blickes kratzt dein Gegenspieler sein Geld zusammen, bis ihm noch zwei lausige Zehn-Euro-Scheine übrig bleiben, und reicht dir widerwillig einen fetten Packen.

FANTASTISCH!

Ein Mixtape finden, das du einst von einem Freund bekommen hast

Oft finden wir in Schuhschachteln in der hintersten Ecke des Kellers oder der Besenkammer unsere größten Schätze.

Wir stoßen auf alte Abschlussball-Fotos, abgelaufene Führerscheine, handschriftliche Briefe längst vergessener Freunde, und wenn wir richtig Glück haben, entdecken wir sogar einen ganz besonderen Schatz: Mixtapes.

Jene liebevoll erstellten Liederkassetten, für die jemand, der dich richtig gern hatte, einst Stunden vor dem Radio verbracht hat, bis er schließlich den perfekten Lieder-Mix zusammenhatte. Meist wurde einer solchen Kassette noch eine handschriftliche Nachricht oder eine Zeichnung beigelegt, um dem Ganzen zusammen mit etwas Parfüm die ganz persönliche Note zu verleihen.

Je nachdem, wie alt du bist, können deine Mixtapes Schätze enthalten wie:

1. The Righteous Brothers *Unchained Melody*
2. Extreme *More Than Words*
3. Bryan Adams *(Everything I Do) I Do It for You*
4. UB40 *(I Can't Help) Falling in Love with You*
5. Whitney Houston *I Will Always Love You*
6. Meatloaf *I'd Do Anything for Love (But I Won't Do That)*
7. Céline Dion *My Heart Will Go On*

8. Bob Marley *Is This Love*
9. Boyz II Men *End of the Road*
10. Jewel *You Were Meant for Me*
11. Green Day *Good Riddance (Time of Your Life)*
12. Cyndi Lauper *Time After Time*
13. The Bangles *Eternal Flame*
14. Rod Stewart *Have I Told You Lately*
15. LeAnn Rimes *How Do I Live*
16. Bon Jovi *Bed of Roses*
17. Guns N'Roses *November Rain*
18. Milli Vanilli *Girl You Know It's True*
19. Sinéad O'Connor *Nothing Compares 2 U*
20. Mr. Big *To Be with You*

Also, suche in deinem Herzen. Suche in deiner Seele. Und wenn du dort Mixtapes findest, hast du gefunden, was du suchst. Also erzähl mir nicht, sie seien es nicht wert, danach zu suchen. Denn du weißt, dass das nicht stimmt.

Alles, was Mixtapes tun, das tun sie für dich.

FANTASTISCH!

Wenn du von einem fremden Teller den perfekten Nacho fischst

Kein Nacho gleicht dem anderen.

Wenn dir im Restaurant oder zu Hause vor dem Fernseher jemand seinen Teller mit Nacho-Chips reicht, ist rasches Handeln gefragt:

1. In Sekundenschnelle machst du dir einen ersten Eindruck von dem Teller. Die entscheidende Frage ist: Was wird dir geboten? Ist auf dem Teller noch eine üppige, heiße Portion Nachos oder geht es um ein paar letzte Krümel und einen Rest Salsa? Wäge ab und entscheide dich für ein entschlossenes »Ja« oder »Nein«.

2. Nimmst du das Angebot an, dann sei nicht wählerisch und entscheide dich schnell. Du wirkst sonst unverschämt. Du solltest auch nicht unbedingt in den Beilagen herumrühren, um dir den perfekten »All-inclusive-Nacho« zu kreieren. Andererseits brauchst du aber auch nicht Jenga zu spielen und dir die untersten faden Chips herauszuziehen, die gar keine Salsa abbekommen haben. Dir wurden keine Krümel angeboten, also musst du dich auch nicht mit Krümeln begnügen. Merk dir das.

3. Beute fixieren und zuschlagen. Jeder hat so seine Vorlieben. Für mich zum Beispiel ist der perfekte Nacho zu 90 bis 100 Prozent mit geschmolzenem Käse überzogen und zu 25

bis 50 Prozent mit Salsa. Nachos mit weniger Käse sind für mich nichts anderes als trockene Maistortillas. Mit noch mehr Salsa habe ich das Gefühl, das Zeug zu trinken. Wenn ich eine Olive, eine Frühlingszwiebel oder eine Chilischote erwische, ist das okay, aber ich suche nicht extra danach. Der gehackte Blattsalat kann mir dagegen gerne gestohlen bleiben.

Fassen wir also zusammen: Man sollte wissen, was man will, abwägen, ob es sich lohnt, und dann schnell zuschlagen. Dieses Prinzip zu beherrschen und damit zielsicher die ideale Nacho-Wahl zu treffen gehört durchaus zu den erstrebenswerten Dingen des Lebens.

Also los! Pack das Leben bei den Nachos!

FANTASTISCH!

Der magische Moment auf einem Rockkonzert, wenn kurz vor dem Auftritt der Band die Lichter ausgehen

Du kommst früh an, holst dir etwas zu trinken, kaufst ein T-Shirt und gehst dann Richtung Bühne und schaust dir die Vorgruppe an. Du beobachtest Leute oder schaust einfach nur umher und unterhältst dich mit Freunden. Und während du noch überlegst, welche Lieder sie wohl spielen werden, verstummt plötzlich die Musik und die Lichter gehen aus.

Es ist stockdunkel, und du spürst, wie eine Welle der Vorfreude durch die Menge geht. Die Leute erheben sich von ihren Sitzen, strecken die Arme in die Luft und fangen an zu toben. Jeder fiebert dem Augenblick entgegen, wenn die Band die Bühne betritt.

FANTASTISCH!

Wenn dein Geburtstag auf einen Freitag oder Samstag fällt

Eine Geburtstagsfeier an einem Mittwoch zu planen ist hart.

Egal, ob du am Wochenende davor oder danach feierst, du wirst hundertmal dieselbe Frage hören: »Wann war jetzt noch gleich dein echter Geburtstag?« Und jedes Mal wirst du wieder an deinem Glas nippen, lächeln und beiläufig sagen: »Oh, erst in ein paar Tagen«, oder schlimmer noch: »Ach, weißt du … der war schon Mittwoch vor zwei Wochen.«

Das macht keinen Spaß.

Und bist du ebenso egozentrisch wie ich, weißt du genau, was du mit einem neuen Kalender als Erstes tust: Du blätterst direkt zu deinem Geburtstag und bist überglücklich, wenn er auf einen Freitag oder einen Samstag fällt. Jetzt steht deiner großen Feier nichts mehr im Wege:

- **Das Datum stimmt.** Ohne lange darüber nachzugrübeln, wann die Party steigen soll, legst du sie einfach auf deinen Geburtstag. Und das nervige Wenn und Aber bleibt dir erspart.

- **Auf der Partyliste weiter oben.** An deinem Geburtstag zu feiern hat einen weiteren Vorteil: Deine Party steigt auf der Veranstaltungsrangliste weit nach oben. Natürlich liegst du damit immer noch hinter der Hochzeit von Freunden oder dem Besuch eines auswärtigen

Gastes, aber einen Pokerabend oder ein Gelage mit Sportsfreunden schlägst du jetzt allemal.

- **Mehr Freigetränke.** Die wirst du vor allem brauchen, wenn du in deinen Geburtstag hineinfeierst und die offizielle Party erst nach Mitternacht richtig in Fahrt kommt. Sorg also für genügend Nachschub, und freu dich auf einen feuchtfröhlichen Abend.

Ein Geburtstag am Wochenende! Der schlägt ein, dauert lang und macht richtig Spaß!

FANTASTISCH!

Wenn ein Schlag gegen den Kühlschrank Wunder wirkt

Als ich klein war, befand sich mein Kinderzimmer über der Küche.

Und wenn ich nachts wach im Bett lag, lauschte ich den Geräuschen im unteren Stock: dem Vibrieren des Ofens, den entfernten Schlägen aus dem Heizraum, dem Surren des Kühlschranks, der immer wieder an- und abschaltete.

Tagsüber ging uns der Kühlschrank nie so auf die Nerven. Kaum fing er an zu summen und zu vibrieren, versetzten wir ihm einen beherzten Schlag mit der Faust, und er gab Ruhe.

Wie Fonzie, der in *Happy Days* mit einem Fußtritt die Jukebox wieder zum Spielen bringt, oder der Großvater, der dem Fernseher einen Klaps versetzt, wenn bei *Glücksrad* der Ton wegbleibt, oder die Mama mit Kopftuch, die die Waschmaschine festhält, wenn sie wieder einmal »wandert«. Elektrogeräte mit Körpereinsatz wieder auf Vordermann zu bringen, das hat was.

Zumindest hier funktioniert unser Instinkt, wenn er in der Natur schon meist versagt. Versuch mal, einem Bären eins auf die Schnauze zu geben, wenn er in deinem Abfall wühlt, und du wirst sehen, was du davon hast. Oder zieh deinen Bruder an den Haaren, wenn er deinen Xbox-Controller stibitzt. Dann kannst du deine Zahnbürste wahrscheinlich in der Toilette suchen. Wenn aber dein CD-Player im Auto streikt, kann schon ein kleiner Klaps alles wieder in Ordnung bringen – ist das nicht fein?

Du fühlst dich plötzlich schrecklich kompetent. Ich weiß nicht, wie du drauf bist, ich jedenfalls verstehe nicht viel von technischen Dingen. Ich habe zum Beispiel keine Ahnung, wie ein Telefon funktioniert, was bei einem Flugzeugstart passiert oder wie man Funksignale übermittelt. Ich krieg kaum die Kette wieder aufs Rad, wenn sie abspringt, geschweige denn kann ich die Uhr an der Mikrowelle stellen. Auch im Grillanwerfen bin ich kein Held. Du solltest sehen, wie ich das Gas auf- und zudrehe, ein Streichholz nach dem anderen hineinwerfe und jedes Mal zurückspringe, weil ich fürchte, das Ding geht in die Luft.

Wenn es aber darum geht, einen Computer, einen Kühlschrank oder eine Waschmaschine mit einem Schlag wieder in Schuss zu bringen, schlägt mich so schnell keiner. Schlag ein, mein Freund, wenn es dir genauso geht! Es lebe der Handwerker in dir!

FANTASTISCH!

Eine grüne Welle erwischen

Wenn ich früher von meinem Freund Mike nach Hause fuhr, war es meist schon spät in der Nacht. Mein Heimweg führte mich über eine einsame zweispurige Landstraße. Ich kurbelte die Fenster herunter, und der Fahrtwind wehte mir durchs Haar und hielt mich wach. Es roch nach Landluft, einer Mischung aus frischem Dung, kühlem Nebel und zerquetschtem Stinktier.

Ich genoss diese nächtlichen Fahrten, sie waren eine angenehme und entspannte Art, den Abend ausklingen zu lassen – doch leider nur bis zu einem bestimmten Punkt der Strecke.

Denn dann kamen sie: die Mega-Einkaufszentren, die inmitten von billigem Ackerland aus dem Boden gestampft worden waren. Die kühle Landluft wich dem Geruch von Autoabgasen und Grillhähnchen, und aus der Dunkelheit der Landstraße tauchte ich unvermittelt in eine neonbeleuchtete Betonwüste: Vor mir lagen die riesigen Parkplätze der Malls und Outlets – und was das Schlimmste war: eine Ampel nach der anderen.

Ich verstehe ja, dass jeder große Parkplatz seine eigene Ampel braucht. Ohne sie würdest du als Linksabbieger aus dem Baumarktparkplatz eine halbe Stunde brauchen. Und mit den neuen Kanthölzern im Kofferraum kannst du es kaum erwarten, an der Terrasse weiterzubauen. Deshalb die Ampeln.

Aber mal ehrlich: Der Spießrutenlauf auf der Durchgangsstraße ist auch kein Vergnügen.

Auf dem Heimweg von Mikes Kellerwohnung musste ich in kurzen Abständen an über

zehn Ampeln vorbei – eine Art Stop-and-go-Leidensweg durch den Dschungel des Fortschritts.

Und nie waren die Ampeln aufeinander abgestimmt. Auf zwei grüne folgten zwei rote, dann brauste ich in letzter Sekunde über ein paar gelbe und bekam mit fünf roten Ampeln gleich darauf die Quittung. Es war eine frustrierende, Benzin fressende Geduldsprobe.

Eines Nachts blieb ich länger als sonst bei Mike. Wir hatten noch spät einen Film geschaut, und es war bereits drei Uhr morgens, als ich todmüde nach Hause fuhr. Die ersten drei Ampeln waren grün – nichts Besonderes, dachte ich mir, wahrscheinlich nur eine faule Täuschung, und am Ende kommt es umso dicker.

Aber die Grünwelle ging weiter, und plötzlich trennten mich nur noch zwei Ampeln vom Ziel. Ich konnte mein Glück kaum fassen. Ich schaute nach vorn: Beide Ampeln waren auf Grün. Sie lockten mich, zeigten mir, was möglich war.

Und ich nahm die Herausforderung an.

Die vorletzte Ampel schaffte ich bei Grün und sah im selben Moment, wie die letzte Ampel auf Gelb sprang. Doch um keinen Preis würde ich mich so kurz vor dem Ziel geschlagen geben. Ich drückte das Gaspedal bis zum Anschlag durch und schoss über die Ampel, als sie gerade auf Rot sprang.

Kurz vor Rot über eine Ampel zu schießen ist vielleicht nicht der eleganteste Trick in diesem Buch. Und dennoch: Dass ich es zum ersten Mal ohne einen einzigen Halt an den Ampeln vorbeigeschafft habe, gehört zu den größten Triumphen meines Lebens. Aber sag doch selbst: Wie fühlst du dich, wenn du eine grüne Ampel nach der anderen erwischst?

Lass mich raten.

FANTASTISCH!

Wenn du den Aufzug anfordern willst und er schon da ist

Ding!

FANTASTISCH!

Der Duft frischer Backwaren

Ich liebe Bäckereiluft, diesen verführerischen Duft ofenfrischer Backwaren, der beim Betreten einer Bäckerei die Sinne betört, das unnachahmliche Aroma zuckersüßer Muffins, knusprig frischer Croissants und köstlicher Haferplätzchen, die im Ofen gerade ihre goldbraune Färbung bekommen.

Damit kann allenfalls ein Sommernachts-Barbecue, der Duft von Babyhaut oder der Geruch eines nagelneuen Autos konkurrieren – oder, ich wage es kaum zu sagen, ein Lagerfeuer im Wald. Ja, so etwas habe ich schon gemacht.

Tun dir eigentlich die Leute, die in einer Bäckerei arbeiten, auch leid? Laufen sie nicht Gefahr, sich an den Duft zu gewöhnen und ihn mit der Zeit gar nicht mehr wahrzunehmen? Ich hoffe, dass dem nicht so ist. Die Arbeit in einer Bäckerei darf nicht allein frühes Aufstehen, angesengte Augenbrauen, Krampfadern und mehlige Kleidung bedeuten. Dafür ist Bäckereiluft viel zu kostbar. Nicht auszudenken, dass diese Arbeit wie ein Bürojob zur Routine wird. Vertreiben wir also diese hässlichen Gedanken und genießen den einzigartigen Duft.

Atme tief ein, wenn dich am Verkaufsstand auf dem Bahnhof das zuckrige Aroma frisch gebackener Zimtschnecken umhüllt. Genieße den Duft, wenn du an einem Samstagmorgen mit dem Hund Gassi gehst und an einer offenen Bäckereitür vorbeikommst. Und denk daran: Nicht nur bei Rosen lohnt es sich, innezuhalten und daran zu riechen, auch der Duft frischer Croissants und Kekse ist immer einen Halt wert.

FANTASTISCH!

Wenn du stolperst und erleichtert feststellst, dass es niemand gesehen hat

Kleinkinder brauchen eine Weile, bis sie laufen können.

Wenn du ein Baby bei seinen ersten Gehversuchen erlebt hast, weißt du: Laufen zu lernen ist kein Kinderspiel. Da gibt es viele Stürze und noch mehr Tränen. Warum sonst haben Zweijährige ständig geschwollene Lippen, aufgeschlagene Knie oder Beulen auf der Stirn, wenn sie sich wieder einmal am Couchtisch angeschlagen haben.

Sicher, wir haben alle einmal laufen gelernt, doch könnten wir es nochmals lernen? Wahrscheinlich nicht. Wie jede große Herausforderung im Leben braucht auch das Laufenlernen viel Zeit und eine Eselsgeduld.

Alles beginnt beim Drehen und Wenden. Ein süßes, kleines Windelpaket mit prallen Ärmchen und einem strahlenden Lächeln dreht sich auf dem Fußboden hin und her. Das ist ein großer Fortschritt, denn schließlich bewegt sich das Baby jetzt schon ganz allein. Also untersteh dich, zu lachen! Du warst schließlich auch mal so ein wackeliges, kraftloses Windelpaket.

Dann geht's ans Krabbeln und Sitzen. Das Haus verwandelt sich in einen mit Teppichboden ausgelegten Dschungel voller Entdeckungen und Abenteuer. Ihre Neugier lässt die Kleinen Speisekammern, Katzenklos und Badezimmer erkunden. Manche Babys ähneln in dieser Phase entzückenden kleinen Krebsen. Denn sie krabbeln mit ihren zwölf Monaten rückwärts und seitwärts, nie aber vorwärts. Auch solltest du jetzt wachsam auf kleine Pfötchen achten, die nach deiner Brille grabschen.

Die nächste Phase ist das Stehen und Wanken. Mit entschlossener Miene ziehen sich die Kleinen an Treppengeländern und Tischbeinen hoch, halten sich kurz auf ihren wackeligen Beinen und plumpsen im nächsten Moment wieder auf den Boden. Wie gut, dass Windeln ihre Hinterteile polstern. Aber die kleinen Tollpatsche bleiben hartnäckig und finden am Ende doch noch ihr Gleichgewicht.

Von da an ist es nur noch eine Frage der Zeit. Nach ein paar freihändigen Stehversuchen wagen sie die ersten tapsigen Schritte im Flur. Und nach ein paar letzten Bauch- und Polandungen haben sie es dann endgültig geschafft: Sie können laufen.

Bedauerlicherweise macht Übung nicht immer den Meister. Obwohl wir schon jahrelang die Kunst des aufrechten Gangs beherrschen, passiert es uns doch immer wieder, dass wir ausrutschen und hinfallen. Du brauchst nur den Vertreter deiner Krankenversicherung zu fragen.

Wenn du das nächste Mal bei der Arbeit mit dem Schuh an der Treppenstufe hängen bleibst, auf dem Flughafen vom Rollsteig stolperst oder auf einer Eisplatte vor deiner Haustür ausrutschst, denk einfach daran, dass du vor nicht allzu langer Zeit überhaupt nicht laufen konntest. Und schon ist dein Missgeschick halb so schlimm – zumindest solange dich keiner dabei beobachtet hat.

FANTASTISCH!

Die Pommes-Regel

Wenn du mit jemandem essen gehst und derjenige Pommes bestellt, darfst du laut der Pommes-Regel davon probieren – vorausgesetzt, du hältst dich an folgende Grundregeln: a) Du fragst höflich um Erlaubnis, bevor du dich bedienst, b) du schaust die betreffende Person fragend an, bis sie nickt, oder c) ihr seid wirklich enge Freunde.

Wenn du als Erster von einem Berg köstlich duftender Pommes probieren darfst, verlangt es natürlich der Anstand, dass du dir nicht ausgerechnet eines der Prachtexemplare herauspickst. Du weißt schon, die extralange Fritte in der McDonald's-Box, die alle anderen überragt – lass die Finger davon! Erlaubt sind die knusprigen, kurzen Pommes, die zu viel Salz abbekommen haben, und auch die weichen, mittelgroßen.

Pommes-Regel, schön und gut – doch manche Leute übertreiben es. Sie stibitzen sich eine Fritte nach der anderen und nutzen deine Großzügigkeit so lange aus, bis du ihnen den Teller wegziehst oder sie höflich fragst, wie denn ihr eigenes Essen schmeckt. Ich warne dich: Nimm dich vor diesen Leuten in Acht, oder dein Pommes-Berg verschwindet schneller, als dir lieb ist.

Auch Gerichte, die mit weniger als einem Dutzend Pommes als Beilage serviert werden, sind tabu. Die Pommes-Regel gilt nur für größere Portionen. Es wäre wirklich unverschämt, von deinem Gegenüber zu verlangen, dass es dir von einer Miniportion auch noch etwas abgibt.

Zum Schluss noch ein kleiner Nachtrag zur Pommes-Regel: Wenn jemand seinen Teller von sich schiebt und signalisiert, dass er seine Mahlzeit beendet hat, stehen die restlichen kalten, mit Ketchup durchtränkten Fritten in erster Linie denjenigen zu, die bisher noch keine Pommes abbekommen haben. Was dann noch übrig bleibt, ist für diejenigen, die schon Pommes hatten, aber noch mehr wollen. Und sollte dann immer noch was übrig sein, schnappt es sich vielleicht der Tellerwäscher.

Die Pommes-Regel! Ein Gewinn für alle Beteiligten: Den Pommes-Fans erspart sie Kalorien, und die Gesundheitsfanatiker können ruhigen Gewissens Salat bestellen und kommen trotzdem in den Genuss dieser fettigen Sünde.

FANTASTISCH!

Sich in frische Bettwäsche kuscheln

Du beziehst dein Bett selbst? Dann kennst du das ja: Erst mal kommt ein frischer Bezug auf die Matratze, wobei die praktischen Gummizug-Ecken des Lakens die Arbeit wesentlich erleichtern. Dann wirfst du die Kissen und Decken aufs Bett und beziehst sie mit einem frischen Bezug aus dem Schlafzimmerschrank. Zum Schluss schüttelst du beides zurecht und betrachtest zufrieden dein Werk. Geschafft! Jetzt kannst du unter die kühle Bettwäsche schlüpfen und ihren wunderbar frischen Duft tief in dich aufsaugen.

Der Reiz frischer Bettwäsche: Sie riecht nicht nach dir. Kein Geruch von Achselschweiß oder vom Speichel, den du im Schlaf auf das Kissen sabberst. Auch das Fußende ist wieder angenehm sauber: keine Spur von Hornhautschuppen, die sich von deinen rauen Füßen lösen. Ganz zu schweigen von den heißen Winden, die beim Schlafen unweigerlich entfahren. Seien wir ehrlich! Wir sind ziemlich eklig, wenn wir schlafen. Und frische Bettwäsche lässt uns genau das für kurze Zeit vergessen.

Und es gibt sogar noch eine Steigerung dieses Wohlgefühls. Nämlich dann, wenn du beim Wechsel der Jahreszeiten zum ersten Mal unter feine Satinbettwäsche oder kuschelig warmen Frottee schlüpfst. Dann schließt du selig die Augen, während die Schatten der Bäume an den Zimmerwänden tanzen und die Grillen vor dem Fenster zirpen. Und du weißt genau: Das wird eine wunderbare Nacht.

FANTASTISCH!

Das Geräusch, das eine Schere beim Schneiden von Tonpapier macht

Wenn du eine Schere Tonpapier schneiden hörst, weißt du: Gleich wirst du richtig viel Spaß haben. Auf dem Tisch liegen Klebestifte, Glitter, Pfeifenputzer und Wackelaugen, und alles ist bereit für einen fröhlichen Bastelnachmittag mit deinen Freunden oder Schulkameraden.

Wenn Erwachsene in den Keller gehen und Werkzeug und Bretter auf der Werkbank ausbreiten, um ein Regal zu bauen, oder die Fensterrahmen in der Küche abkleben und Eimer mit Malerfarbe öffnen, um den Wänden einen neuen Anstrich zu verpassen, ist das im Grunde genommen genau dasselbe.

Wenn eine Schere Tonpapier schneidet, weiß jeder: Gleich wird mit wichtiger Bastelarbeit begonnen. So klingt es, wenn der Kreativitätskessel am Brodeln ist und die Bastelideen wie Pilze aus dem Boden schießen. Es ist das beruhigende Geräusch, das einem versichert, dass man trotz des Schmuddelwetters draußen viel Spaß haben wird an diesem Nachmittag.

FANTASTISCH!

Wenn du aufwachst, bevor dein Wecker klingelt, und zufrieden feststellst, dass du noch weiterschlafen kannst

Draußen ist es dunkel, nur der Mond wirft sein fahles Licht auf die Wände, die Nacht ist totenstill.

Doch dann PENG.

Du reißt die Augen auf und springst wie von der Tarantel gestochen aus dem Bett. Hellwach, aber blind wie ein Maulwurf tastest du hektisch nach dem Wecker. Dir schießen hundert Gedanken gleichzeitig durch den Kopf: Hab ich verschlafen? Hab ich den Wecker überhört? Ist noch Zeit für eine Dusche?

Du schnappst den Wecker, hältst ihn dicht vor deine Maulwurfsaugen und entzifferst mühsam die Anzeige.

»4:56 Uhr«, steht da auf dem strahlend roten Display.

»4:56 Uhr!«

Langsam begreift dein schlafumnebeltes Hirn: »Noch lange nicht Zeit, aufzustehen. Ich kann noch eine Runde schlafen.«

Mit einem zufriedenen Lächeln auf den Lippen schlüpfst du zurück ins Bett und kuschelst dich genüsslich unter die warmen Decken. Diese Rückkehr ins Land der Träume wird wunderbar – und du weißt auch, warum:

- **Du legst dich ins gemachte Bett.** Die Decken sind vorgewärmt, die Matratze eingelegen und die andere Seite des Kissens wartet schon darauf, deinen müden Kopf zu betten. Du musst nur noch die Decken aufschütteln – und dann gute Nacht!

- **Zurück ins Land der Träume.** Ist jener spannende Traum von eben noch frisch in deinem Kopf, dann schließ die Augen und konzentriere dich. Es könnte durchaus sein, dass du ihn weiterträumen kannst.

- **Eine Extraportion Schlaf.** Du bist aufgewacht. Das heißt, du bist schon ziemlich ausgeruht. Die Extraportion Schlaf, die du dir jetzt gönnst, ist also so etwas wie eine verlängerte Mittagspause oder ein Schneetag ohne Schneeschippen – eine Extraportion Zeit, in der du ohne schlechtes Gewissen schlafen kannst.

Es ist wunderbar, mitten in der Nacht aufzuwachen und zu sehen, dass man sich noch einmal aufs Ohr legen kann. Vielleicht bist du anfangs verwirrt und hast Herzklopfen, doch danach ist es umso schöner, wenn du dich beruhigt in die Federn wirfst und weiterschnarchst.

FANTASTISCH!

Der Duft von Wachsmalfarben

Steck deine Nase in eine neue Schachtel Wachsmalfarben, nimm einen tiefen Atemzug und mach dich gefasst auf eine Extradosis Glückshormone!

FANTASTISCH!

Wenn keine Socke übrig bleibt

Es ist jedes Mal ein hartes Stück Arbeit, einen Berg aufgeladener Socken aus dem Trockner zu holen und dann auf Pärchensuche zu gehen.

Am besten kippst du den ganzen bunten Sockenhaufen erst einmal aufs Bett. Dann fängst du mit den einfachen Pärchen an: das braune, schottengemusterte Männlein zu seinem braunen, schottengemusterten Weiblein, das rotgestreifte Brüderchen zu seinem rotgestreiften Schwesterchen – und so machst du weiter, bis alle offensichtlich füreinander bestimmten Sockenpaare wieder vereint sind. Bis hierher also alles ganz einfach.

Doch jetzt kommt der schwierige Teil. Denn vor dir liegt ein schwarz-weißer Wirrwarr von Socken, die einander gleichen wie ein Ei dem anderen. Da ist die Partnersuche mühsam: Du vergleichst Fersen und Muster, untersuchst die Gewebestruktur und den Verwaschungsgrad und hoffst inständig, dass am Ende alles aufgeht.

Wenn du schon fast fertig bist, zählst du die Socken, die jetzt noch vor dir auf dem Bett liegen, und bist überglücklich, wenn eine gerade Zahl dabei herauskommt. Kein Damensöckchen, keine Tennissocke ging verloren. Alles paletti! Du wirfst die Sockenpaare in den Korb – und ab damit in die Kommode: Schublade auf, Socken rein, Schublade zu, breites Grinsen.

FANTASTISCH!

Wenn du auf einem Parkplatz eine Parkuhr findest, die noch nicht abgelaufen ist

Stell dir vor, eine nette, großzügige Seele hat dir auf der Parkuhr noch sieben freie Parkminuten übrig gelassen. Dann hast du drei Möglichkeiten:

- Das Parken zum Nulltarif ist das Richtige für dich, wenn du glaubst, du kannst alle deine Besorgungen vor Ablauf der Zeit erledigen. Du schaffst es, in sieben Minuten eine Pizzaschnitte zu kaufen und den Wintermantel in der Reinigung abzuholen? Na prima! Worauf wartest du dann noch! Lauf los!

- Vielleicht ist dir das aber zu stressig, oder du willst keinen Strafzettel riskieren, wenn du es doch nicht schaffst. Dann wählst du die sparsame Methode. Du ziehst eine 50-Cent-Münze aus deiner Hosentasche, wirfst sie in die Parkuhr und bist mit siebzehn Minuten Parkzeit auf der sicheren Seite. Das heißt nicht, dass du nicht froh bist über die sieben Freiminuten, doch deine Besorgungen zügig, aber nicht im Laufschritt zu erledigen, war dir eine kleine Investition wert.

- Die dritte Möglichkeit ist die Groschengrab-Methode. Für die entscheiden sich die Übervorsichtigen, die ein Knöllchen um jeden Preis vermeiden wollen und denen es egal ist, wenn ein paar Münzen zu viel dabei draufgehen. Sie wollen ein sicheres Zeitpolster, falls sie irgendwo aufgehalten werden – man weiß ja schließlich nie.

Ich vermute, wir alle würden gern zu den gelassenen Nulltarif-Parkern gehören. Stattdessen sind die meisten von uns treue Anhänger der Groschengrab-Methode. Und was soll's! Schließlich haben wir es ihr zu verdanken, wenn wir beim nächsten Parken wieder ein paar Freiminuten ergattern. Und gäbe es nicht die perfekten Parkzeitplaner der sparsamen Methode, wären Freiminuten auf der Parkuhr etwas ganz Alltägliches.

Fassen wir uns also an den Händen, rücken etwas näher und geben der Welt den richtigen Dreh!

FANTASTISCH!

Den Blick auf ruhiges Wasser genießen

FANTASTISCH!

Eine Orange in einem Zug schälen

Vielleicht musst du eine Weile dafür üben, aber wenn du es schließlich schaffst, eine Orange in einem Zug zu schälen, und stolz die lange Schalenspirale hoch hältst, ist das eines der befriedigendsten Erlebnisse, die du beim Obstessen haben kannst. Und so funktioniert es:

1. **Die richtige Wahl.** Keine Orange gleicht der anderen. Deshalb solltest du dir die Früchte genau anschauen, bevor du eine Wahl triffst. Experten raten zu saftigen, gut reifen Exemplaren mit einer dicken Schale. Die lässt sich leicht von der Frucht lösen und scheint nur darauf zu warten, von deinem Daumen durchbohrt zu werden. Sollte dir die Wahl immer noch schwerfallen, dann such dir deine Orange einfach nach dem Stofftier-Prinzip aus: je weicher, desto besser.

2. **Das Ausrollen.** Manche Leute schwören darauf, dass sich die Orange leichter schälen lässt, wenn sie zuvor eine Weile unter leichtem Druck hin und her gerollt wird. Der positive Nebeneffekt dieser Vorbehandlung ist eine noch saftigere Orange.

3. **Der Einstich.** Das ist der Augenblick, der alles Weitere entscheidet. Also aufgepasst! Wichtig ist zunächst, dass du tatsächlich mit dem Daumen einstichst und auf keinen Fall die Vier-Finger-Methode anwendest! Beim Oran-

genschälen beschert sie dir nur einen Haufen kleiner Schalenstückchen, die du hinterher in der ganzen Küche aufsammeln kannst. Lass also die Finger davon. Such dir eine geschickte Einstichstelle oben oder unten an der Orange – auf keinen Fall aber in der Mitte. Da ist die Schale am dünnsten, und das Ganze würde leicht in einer matschigen Angelegenheit enden.

4. **Langsam und vorsichtig ans Ziel.** Hast du erst mal einen Daumen in der Schale, gräbst du dich langsam um die Orange herum und löst geschickt einen langen, spiralförmigen Schalenstreifen von der Frucht. Pass auf, dass du keine Schaleninseln übrig lässt, die als einsame kleine Brocken an der frisch geschälten Frucht hängen. Und achte beim Schälen darauf, dass dein Streifen nicht zu breit wird, denn breite Streifen geraten leicht außer Kontrolle. Bei zu schmalen Streifen wiederum ist die Gefahr groß, dass sie entzweigehen. Wenn es nicht klappt, einfach Ruhe bewahren und es immer wieder neu probieren. Und solltest du aus dem Rhythmus kommen oder die Nerven verlieren, dann leg die Orange einfach ab, schüttle deine Hände aus, atme ein paar Mal tief durch und mach dann weiter.

5. **Das große Prahlen.** Du hast es geschafft? Du hast das Kunststück tatsächlich vollbracht? Na, dann kann ich nur sagen: Gratulation! Du hältst jetzt eine frisch geschälte Orange in der einen und einen schlaffen, spiralförmigen Schalenstreifen in der anderen Hand. So ein Augenblick darf auf keinen Fall ungesehen vorübergehen. Also zeige zumindest einem deiner Mitmenschen, was du vollbracht hast. Und sollte dieser nicht

gleich mit gebührender Anerkennung reagieren, hältst du ihm dein Meisterstück am besten direkt vor die Nase. Spätestens dann wirst du ein respektvolles Kopfnicken oder zumindest einen erhobenen Daumen ernten.

Eine Orange auf einen Streich zu schälen ist wirklich eine Meisterleistung und macht sogar noch mehr Spaß, als eine Melone zu spalten, eine Ananas zu köpfen oder eine Kokosnuss zu knacken.

FANTASTISCH!

Beim Fremdduschen sämtliche Shampoos und Seifen durchprobieren

Shampoo lässt man auf Reisen am besten zu Hause.

Vor allem im Flugzeug ist es fast unmöglich, eine Flasche davon mitzunehmen, und das nicht erst seit dem Flüssigkeitsverbot im Handgepäck. Im Koffer ist für Shampoo einfach kein Platz. Du hast entweder ein kleines Reisefläschchen oder checkst mit einem wirklich großen Koffer ein, ansonsten bleibt dein Shampoo zu Hause. Und nimmst du es doch mit, musst du dir gut überlegen, wie du es am besten verpackst. Die Flasche in Plastiktüten zu wickeln ist keine Lösung. Das weiß ich aus Erfahrung. Auch Reisefläschchen taugen nichts – im Gegenteil: Schon sie aufzufüllen erfordert einen Master in Geschicklichkeit. Außerdem sind sie so klein, dass man sie ständig irgendwo vergisst.

Nein, Shampoo ist nicht fürs Reisen geeignet, genauso wenig wie Feuerwerkskörper, Samuraischwerter oder Babys mit Koliken. Sei deshalb schlau und lass es zu Hause. Einfach Koffer zuklappen und hoffen, dass es deine Haare auch so wieder gesund nach Hause schaffen.

Als shampoolos Reisender solltest du auf folgende Situationen gefasst sein:

1. Vergiss die hohen Ansprüche an dein Äußeres. Du trägst jetzt einen fettigeren Look. Schnapp dir einfach den Kamm, mach das Beste draus und sei froh, wenn du von Schuppen verschont bleibst.

2. Übernachtest du im Hotel, findest du dort meistens Shampoofläschchen im Miniaturformat, oder du musst dich mit einem Pröbchen zufriedengeben, das du unter der Dusche mit den Zähnen aufreißt. Vielleicht bist du ja so dusselig wie ich und schmierst dir nach dem Haarwaschen auch gleich die Probepackung Körperlotion ins Haar, die du für Pflegespülung hältst.

3. Im besten Fall triffst du auf Freunde, die dich bei sich zu Hause duschen lassen. Dann bist du überglücklich und probierst alle Shampoos und Seifen aus, die dir in die Finger kommen.

Die letzte Variante ist natürlich die beste. Sie funktioniert aber nur, wenn es sich bei deinen Gastgebern um echte Freunde handelt, die dich in ihrer Dusche duschen lassen – nicht in der Gästedusche und auch nicht in der Dusche im Keller, sondern wirklich in ihrer eigenen Dusche, die sie selbst jeden Tag benutzen. Nur dort eröffnet sich dir hinter dem zerknitterten, schimmeligen Duschvorhang ein buntes Paradies der ausgefallensten Pflegeprodukte. Der gesamte Badewannenrand ist vollgestellt mit angebrochenen Flaschen und Flakons in den verschiedensten Größen und Farben, die von Pink bis zu Neongrün reichen – wie in der Auslage eines Bonbonladens.

Also los! Worauf wartest du? Schließ die Tür, wirf die Klamotten ab und rein ins Vergnügen.

Und damit du in deinem Freudentaumel auch alles richtig machst, hier noch die vier Grundregeln des Fremdduschens:

1. **Finger weg von Seifenstücken.** Die sind absolut tabu! Du weißt nie, wofür die Seife benutzt wurde, ebenso wenig wie deine Gastgeber ahnen können, wofür du sie benutzen würdest. Lass also die Finger davon. Haare in der Seifenschale sind das Letzte, was man sich von einem Gast als Dankeschön wünscht.

2. **Achte auf die Uhr.** Natürlich solltest du den Augenblick auskosten, allerdings nicht übertrieben lang. Du weißt nie, wie es um ihre Warmwasser-Vorräte steht oder ob nach dir jemand ins Bad muss. Also verlass das Badezimmer, bevor es sich in eine Sauna verwandelt. Und kipp das Fenster.

3. **Stichproben sind erlaubt.** Wenn du bei einem Pärchen zu Besuch bist, stehen die Chancen gut, dass die vorhandene Produktpalette sowohl Damen- als auch Herrenartikel umfasst. Das gilt es zu nützen! Was haben wir denn da? Ach, davon gibt es einen neuen Duft? Den testen wir doch gleich mal! Wie seltsam: Kiwi-Grapefruit-Gesichtsreinigungslotion? Probieren wir mal einen Tropfen! Und da: eine Pflegespülung für vierzig Dollar aus dem Friseursalon, die aussieht, als käme sie direkt aus dem Forschungslabor? Her damit, davon am besten eine Extradosis!

4. **Immer einen Rest übrig lassen.** Probieren ist erlaubt, aber übertreibe es nicht. Ein Rest muss immer in der Flasche bleiben. Oder willst du deine Gastgeber etwa um die letzte Anwendung ihrer Lieblingsspülung bringen?

Jetzt weißt du Bescheid und bist für deine nächste shampoolose Reise bestens gewappnet.

Zum Schluss noch eine persönliche Frage: Hast du beim Fremdduschen eigentlich auch immer das Gefühl, du würdest als Testperson an einer empirischen Untersuchung teilnehmen? Stell dir vor, draußen vor der Badezimmertür warten mit Klemmbrettern und Stiften bewaffnete Leute in weißen Kitteln auf dich. Die Tür fliegt auf, und du erscheinst umhüllt vom heißen Badezimmerdampf und in ein Handtuch gewickelt im Türrahmen. Deine Haut ist noch feucht, und um deine nassen Füße bildet sich eine kleine Pfütze. Die weißen Kittel stürmen auf dich zu und bombardieren dich mit Fragen: »Was halten Sie von dem blauen Duschgel? War der Schaum zufriedenstellend? Was sagen Sie zum Duft?« So geht es noch eine ganze Weile weiter, und während du deine Eindrücke von dir gibst, notieren die weißen Kittel eifrig mit, bis sie dir schließlich die alles entscheidende Frage stellen: »Wie bewerten Sie das Duscherlebnis insgesamt?« Die Köpfe leicht nach vorn geneigt, fixieren sie dich erwartungsvoll über ihre Lesebrillen hinweg, wobei ihre Stifte schreibbereit über den Fragebögen schweben.

Und du grinst und nickst, denn deine Antwort ist:

FANTASTISCH!

Wenn der Snackautomat zwei Packungen ausspuckt, obwohl du nur eine bezahlt hast

Stell dir vor, du kommst an einen Snackautomaten und entdeckst einen leckeren Snack, der auf halbem Wege zur Ausgabe steckengeblieben ist und wie am seidenen Faden an den Metallspiralen hängt. Wahrscheinlich hat der Kunde vor dir für die Leckerei bezahlt und ist, als sie nicht rauskam, lieber enttäuscht abgezogen, anstatt noch einen Dollar zu riskieren. Aber was soll's? Schließlich ging uns das allen schon mal so, und ein bisschen ausgleichende Schokoriegel-Gerechtigkeit kann durchaus nicht schaden.

Wirf Geld ein, drück auf den Knopf und genieße das süße Geräusch zweier Leckereien, die in die Ausgabe fallen. Jetzt brauchst du nur noch die Klappe nach hinten drücken und deinen Schatz mit Nougatfüllung bergen. Noch ein dankendes Küsschen auf das Automatenfenster, und du ziehst mit deiner Beute stolz und glücklich ab.

Das Tolle ist: Du kannst jetzt wunderbar einen auf großzügig machen und einem nichtsahnenden Arbeitskollegen oder Klassenkameraden einen Snack spendieren. Ich bin sicher, dir fällt da jemand ein. Also teile deinen Schatz, und genießt ihn zu zweit – und zwar ohne schlechtes Gewissen. Denn wie hättest du dem Automaten den Snack denn auch zurückgeben sollen? Mach dir keine Sorgen und iss zufrieden weiter, denn das Schicksal hat es heute gut mit dir gemeint. Und das hast du auch verdient.

FANTASTISCH!

Den Teig von den Rührbesen lecken

Ohne sich im ganzen Gesicht mit Teig zu verschmieren geht das nicht, denn da ist diese eine Stelle in der Mitte des Rührbesens, die so schwer zu erreichen ist. Deine Zunge langt nicht hin, und die Stelle auszusparen – das kommt nicht infrage. Also ran an den Speck, verschmier dein Gesicht und fühl dich

FANTASTISCH!

Wenn du in einem vollbesetzten Kino die besten Plätze erwischst

Im Kino hat jeder so seine Lieblingsplätze.

Manche verkrümeln sich am liebsten in die hinterste Reihe. Da sind sie für sich und können ungestört mit der Freundin knutschen oder heimlich einen Schluck aus der Flasche nehmen. In der letzten Reihe ist es auch egal, wie groß du bist. Du kannst sitzen, wie es dir gerade passt, ohne den Leuten hinter dir die Sicht zu nehmen.

Andere sind lieber mittendrin und schnappen sich die zentralen Plätze der mittleren Reihe. Sie behaupten, dass der Sound dort besser ist und dass sie Kopfschmerzen bekommen, wenn sie zu nah an der Leinwand sitzen. Aber ich glaube, sie genießen es einfach, mittendrin statt nur dabei zu sein. Und was kann man dagegen schon einwenden?

Kinobesucher, die es auf die Randplätze abgesehen haben, sind selten, aber es gibt sie. Das sind Leute, die während eines Films hundertmal aufs Klo rennen oder zappelige Kinder im Schlepptau haben und deshalb immer nach dem kürzesten Fluchtweg suchen. Vielleicht wollen sie aber auch einfach nur ihren Freiraum und haben keine Lust, um die Armlehne zu kämpfen. Warum auch immer sie diese Sitze belegen, entscheidend ist, *dass* sie es tun und so die anderen Plätze uns überlassen.

Nicht zu vergessen sind die Superlässigen, die mit ihren dreckigen Turnschuhen oder ihren Schweißfüßen auch die Sitze vor ihnen beanspruchen – nach dem Motto: »Ich bin hergekommen, um abzuspannen, also mach ich das auch.« Die ganz Hartgesottenen legen ihre Füße sogar auf bereits belegte Sitze. Damit machen sie sich selten Freunde. Aber das Füßehochlegen ist ihnen einfach so wichtig, dass sie sich dafür sogar mit einem Randplatz zufriedengeben würden.

Und dann gibt es noch die Verrückten in der ersten Reihe. Früher dachte ich, das sind entweder Leute mit extrem schwachem Urteilsvermögen oder wirklich guten Beziehungen zu ihrem Physiotherapeuten. Mal ernsthaft, wer sonst will ständig den Hals recken und den Kopf hin und her drehen? So dachte ich, bis ich mit meinem Freund Mike ins Kino ging, der regelmäßig seine Brille vergaß und mich überredete, mich mit ihm in die vordere Reihe zu setzen, damit er auf der Leinwand etwas erkennen konnte.

Jeder hat so seine Lieblingsplätze. Das Problem ist nur, wir kriegen sie nicht immer.

Manche kaufen ihre Tickets online und sind schon lange vor der Vorstellung im Kino. Sie lungern Kaugummi kauend bei den Mülleimern herum und lesen im Kinomagazin. Nein, diese Typen schlägst du nicht, außer du machst es ihnen nach. Und das ist viel zu zeitaufwendig und öde.

Andere Leute scheinen mysteriöse Geheimwege zu kennen. Da glaubst du, du erwischst einen guten Platz, und im nächsten Moment tauchen wie aus dem Nichts zwei Damen auf und schnappen ihn dir vor der Nase weg. Und damit nicht genug: Mit ihren Taschen und Jacken belegen sie auch gleich die benachbarten Sitze für ihre Freunde. Wenn du ihnen zu nahe kommst, beäugen sie dich wie argwöhnische Hühner, die fürchten, du stiehlst ihnen ein Ei. Manche von ihnen sind speziell ausgestattet: Ich habe

zum Beispiel schon gesehen, wie jemand mit einem einzigen dehnbaren Strickmantel ganze vier Plätze besetzt hat. Eine wirklich beachtliche Spannweite!

Du siehst, gute Plätze zu ergattern ist nicht leicht. Die Konkurrenz um den begehrten Plüsch ist einfach viel zu groß. Vielleicht ist es deshalb so wunderbar, wenn du es doch einmal schaffst: Wenn du – dein Ziel fest im Visier – über Sitzreihen springst, deine Jacke auswirfst und für dich und deine Freunde die perfekten Plätze sicherst. Dann bist du der King der Kinonacht und genießt den Film auf deinem Lieblingsplatz.

FANTASTISCH!

Wenn Kellner Cola spendieren

Kellner brauchen ein dickes Fell – wie sonst würden sie uns Gäste ertragen?

Kommt das Essen zu spät, beschweren wir uns, sie verschwenden unsere Zeit. Kommt es zu früh, unterstellen wir ihnen, sie wollen uns loswerden. Wir nerven sie mit unseren Allergien und Extrawünschen, fordern mehr Brot und diskutieren offen über ihr Trinkgeld, wenn sie den Nebentisch abräumen. Wir sind die Könige, die bequem auf ihren Stühlen sitzen und Befehle geben, und sie die Bauern mit Servierschütze und fleckigem Küchentuch, die sich für uns abhetzen.

Egal wie mies wir uns benehmen, Kellner müssen uns ertragen – und obendrein noch freundlich lächeln. Sie dividieren brav unsere Rechnungen auseinander, wischen Getränkepfützen auf und schlittern für uns auf dem rutschigen Küchenboden hin und her.

Und trotzdem gibt es unter ihnen Engel, die auch unter härtesten Bedingungen den perfekten Service liefern. Und Perfektion heißt in diesem Fall, ungefragt Freigetränke zu servieren. Was gibt es Besseres als nach dem Spinat-Artischocken-Dip plötzlich mit kostenloser, eisgekühlter Cola überrascht zu werden? Der perfekte Gaumenreiniger vor dem Hauptgang! Damit kann allenfalls kostenlose, eisgekühlte Cola nach dem Hauptgang oder kostenlose, eisgekühlte Cola zusammen mit der Rechnung und einer Handvoll Pfefferminzbonbons konkurrieren.

Freigetränke sind immer ein Grund zur Freude.

Und ich bin sicher, wenn du später platt auf deinem Sofa liegst und dein Abendessen in einem braunen Cola-See vor sich hin verdaut, wirst du lächelnd die Augen schließen und auf die Frage »Wie war das Essen?« antworten:

FANTASTISCH!

Einen dicken Knoten aufkriegen

Ich kann keine Schuhe binden.

Das ist zwar peinlich, aber leider wahr. Meine Finger kriegen das einfach nicht hin. Die Technik »Schlinge machen und durchziehen« endet bei mir in einer jämmerlich schlaffen Andeutung dessen, was es eigentlich hätte werden sollen. Ich bin deshalb zur Doppelschlingen- oder Hasenohr-Methode verbannt. Das heißt, ich mache eine Schlinge mit der rechten Hand und eine Schlinge mit der linken Hand und knote dann beide zusammen. Das dauert länger – und das ist noch nicht das Schlimmste.

Wirklich dumm daran ist, dass das Ganze oft in dicken, festen Knoten endet, die ich kaum mehr aufbekomme.

Ich lasse den Knoten deshalb einfach zu, wenn ich die Schuhe ausziehe, und quetsche mich umständlich wieder hinein, wenn ich aus dem Haus gehe. Damit ruiniere ich mir die Schuhe, aber das ist immer noch besser, als ständig an lästigen Knoten herumzufummeln.

Manchmal komme ich aber nicht daran vorbei.

Der Knoten hängt nämlich irgendwann so traurig und schlaff am Schuh herunter, dass ich nicht anders kann, als mir den staubigen Gesellen vorzunehmen. Ich schüttle mit einem resignierten Lächeln den Kopf, setze mich auf eine Treppenstufe und kämpfe minutenlang gegen die schlimmsten Knoten an.

Ich will ehrlich sein: Nicht immer geht der Kampf zu meinen Gunsten aus. Dann schlüpfe ich entweder in ein Paar

Sandalen oder lasse mir meine Pizza nach Hause liefern. An anderen Tagen gebe ich mich aber nicht geschlagen und bohre mit meinen Fingernägeln so lange am Knoten herum, bis er sich etwas lockert. Dann zerre ich noch eine Weile hin und her und spüre schließlich: Der Sieg ist mein!

Und dann kommt das Beste: die letzten Sekunden vor dem sicheren Erfolg. Die gilt es auszukosten! Wenn sich erst ein Schnürsenkel löst und dann der andere, bis schließlich das ganze verworrene Ding locker auseinanderfällt.

Und nicht nur die Knoten in Schnürsenkeln geben dir dieses unglaublich befriedigende Gefühl, auch das Entwirren von Fax-, Computer-, Kopierer- und Scannerkabeln oder der Lichterketten für den Weihnachtsbaum ist einfach …

FANTASTISCH!

Die Plastikschutzfolie von einem neuen technischen Gerät abziehen

Willkommen im Leben, Fernsteuerung! Hallo, neuer Laptop-Monitor! Du bist frei, Handy-Display!

FANTASTISCH!

Wenn das, was du kaufen willst, gerade im Angebot ist

Angebote ziehen mich an wie der Honig die Bienen.

Jedes Mal, wenn ich den Supermarkt verlasse, habe ich das Gefühl, ich bin mal wieder auf die meisten hereingefallen. Ich gehe wegen Klopapier rein und rolle mit einem prall gefüllten Einkaufswagen voller Croissants, Tiefkühlpizzas und einem Extrapack Salsasoße wieder raus.

An der Kasse trifft mich jedes Mal der Schlag, aber da ist es schon zu spät.

Während ich meinen Geldbeutel zücke, lasse ich reuevoll die letzte Viertelstunde vor meinem geistigen Auge Revue passieren und sehe mich summend durch die Gänge schlendern, bei netten Damen mit Haarnetzen Trinkjoghurt probieren und ganz nebenbei meinen Einkaufswagen mit Käsescheiben im Sparpack und eingeschweißtem Rauchfleisch füllen.

Oh ja, ich fühle mich wohl zwischen taufrischem Blattsalat und blubbernden Hummeraquarien, aber an der Kasse ist der Katzenjammer groß.

Als Schnäppchenjäger gibt es für dich nur eine Rettung: Wenn das, wofür du gekommen bist, gerade im Angebot ist. Dann ist die Sachlage plötzlich anders. Dann hast du das Sagen und entscheidest, wo es langgeht.

»Oh, was für ein Zufall!«, freust du dich beim Anblick der Riesenpalette Toilettenpapier. »Zum halben Preis? Das ist ja super! Ausgerechnet wenn ich es brauche. Ach, da nehme ich doch gleich sieben Zwölferpacks – wenn ich schon da bin.«

Und mit einem prüfenden Blick auf das restliche Angebot:
»Ja, und das … das wäre dann, glaube ich, alles.«

Dann machst du im Geiste ein fettes Häkchen auf deine Einkaufsliste und steuerst souverän auf die Kasse zu, denn du weißt: Diesmal bleibt dein Geldbeutel dick und dein Lächeln breit.

FANTASTISCH!

Wenn du nach langer Suche endlich deine Schlüssel findest

Die Panik steigt ganz allmählich.

Es ist früh am Morgen, und du willst gerade los zur Arbeit. Du knipst das Licht aus, schlüpfst in deine Schuhe und tastest nebenbei deine Taschen nach dem Schlüsselbund ab – doch Fehlanzeige.

»Ach ja«, denkst du und zuckst mit den Schultern. »Wahrscheinlich liegen sie noch auf dem Küchentisch.«

Also gehst du in die Küche, aber auch dort: Fehlanzeige. Du kontrollierst noch mal die Hosentaschen, kramst in deiner Handtasche und wirfst einen Blick auf die Küchenuhr: Noch genau sieben Minuten, dann musst du los oder du kommst zu spät zur Arbeit. Also Jacke aus und Vorhang auf zur Schlüsselsuche in drei Akten:

Erster Akt: Das Drama beginnt. Mit Adleraugen suchst du systematisch alle Oberflächen in der Küche ab und kontrollierst gleichzeitig zum dritten Mal deine Taschen. Dann geht's in die nächsten Räume. Deine Panik steigt. Mit schweißbedeckter Stirn grast du hektisch den Boden ab und suchst an immer unwahrscheinlicheren Orten. Die Violinen im Orchestergraben heben zum Crescendo an und draußen donnert es laut, während du Badezimmerschränke, Schreibtischschubladen und den Kühlschrank umkrempelst – nichts!

Die Lichter gehen aus.

Der erste Akt ist zu Ende.

Zweiter Akt: Der Detektiv. Der Scheinwerferkegel huscht durch den Raum und bleibt schließlich an dir hängen: Schwer atmend hältst du vor der Wohnungstür inne, raufst dir die Haare und blickst mit einer Grimasse der Verzweiflung zur Decke. Hundegebell aus der Ferne, wieder ein dröhnender Donner. Und plötzlich erwacht der Detektiv in dir: Du überlegst, wann du die Schlüssel zuletzt gesehen hast und was du seitdem gemacht hast.

»Ich bin heimgekommen, nach oben gegangen, hab meine Trainingshose angezogen«, rekonstruierst du vor dem erwartungsvollen Publikum. »Später habe ich eine Tiefkühlpizza gegessen, meine E-Mails gelesen und beantwortet und bin auf dem Sofa eingeschlafen …«

Eine lange, ausgedehnte Pause.

Der Scheinwerfer geht aus.

Dritter Akt: Deine größten Erfolge. Deine Überlegungen führen zu nichts, und du erinnerst dich in einer Art Flashback an deine größten Erfolge. Eine blitzlichtartige Diashow zeigt den Zuschauern die Orte, an denen du früher einmal deine Schlüssel wiedergefunden hast. Sie sehen dich als Teenager mit tieferem Haaransatz, flacherem Bauch und engem T-Shirt. Du stehst freudestrahlend vor dem Wäschekorb und ziehst deinen Schlüsselbund aus der Tasche einer Jeans. Szenenwechsel: Du bist mit deinem Freund zu einer Semesterabschlussfeier verabredet und spät dran. Hektisch steigst du über leere Pizzaschachteln und Xbox-Controller, bevor du die Schlüssel zwischen den Kissen auf der Couch findest. Du schaust an allen früheren Fundorten nach. Doch auch diese Suche ist vergebens.

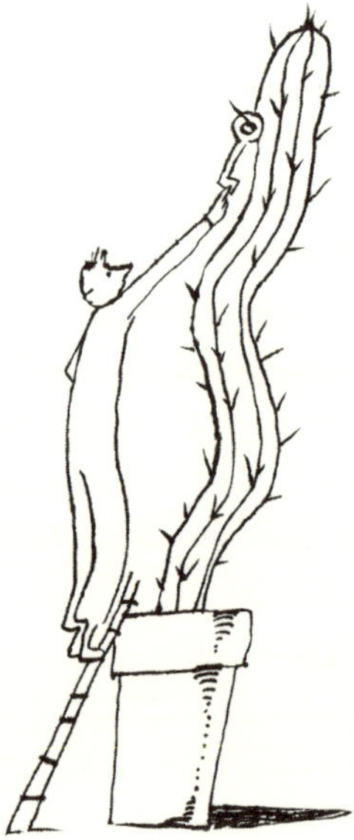

Die Scheinwerfer sammeln sich auf deinem erschöpften, eingefallenen Gesicht und gehen schließlich aus. Mit einem Mal begreift das Publikum: Das Theaterstück endet tragisch. Der Vorhang fällt unter dem leisen, respektvollen Applaus der Zuschauer.

Doch halt!

Im Theatersaal bleiben die Lichter gedimmt, es wird geflüstert, die Luft knistert förmlich vor Spannung.

Das Stück ist doch nicht zu Ende!

Der Vorhang geht auf für eine letzte Szene, in der du ziellos im Haus umherirrst. Du versuchst zu improvisieren und arbeitest fieberhaft an einem Plan B. Du könntest dich krankmelden oder deine Freundin anrufen, die einen Schlüssel zu deiner Wohnung hat, und sie bitten, dir eine Kopie machen zu lassen. Oder solltest du doch lieber die Schlösser auswechseln?

Einem Nervenzusammenbruch nahe rennst du ziellos durch die Wohnung und stolperst über Jacken, umgekippte Wäschekörbe und Sofakissen – begleitet von der dramatisch anschwellenden Musik des Orchesters.

Tränen der Verzweiflung stehen dir in den Augen, deine Stirn ist schweißbedeckt – doch dann … dann reißt du plötzlich die Tür auf und schnappst nach Luft. Da hängen sie! Die Schlüssel hängen im Schloss!

Die Zuschauer springen begeistert von ihren Plätzen, ohrenbetäubender Applaus erfüllt das Theater, vom Balkon kommen laute Pfiffe und Schreie.

Du lächelst ihnen mit einem Augenzwinkern zu, packst die Schlüssel, küsst sie und hältst sie triumphierend in die Luft. Dann stürmst du aus dem Haus, wirfst dich ins Auto und braust davon.

Trompeten erklingen aus dem Orchestergraben, die Menge applaudiert begeistert weiter, und Salven roter Rosen landen auf der Bühne als Dank für das wunderbare Happy End.

Wenn dir so etwas im wahren Leben passiert, schiebst du natürlich erst mal eine Riesenpanik, aber am Ende fühlst du dich dafür umso erleichterter. Die Anspannung fällt von dir ab, die Beklemmung in deiner Brust löst sich, und dich überkommt eine Welle unendlicher Freude.

Wenn du nach langer Suche deine Schlüssel findest, hörst du das Publikum vor Begeisterung toben, während der Vorhang vor dieser perfekten kleinen Szene fällt.

FANTASTISCH!

Pommes aus der Tüte fischen

Beim Autofahren zu essen ist praktisch unmöglich.

Wer diese sperrigen Blechkarossen durch den dichten Autobahnverkehr lotst, heil die Ausfahrt hinausfährt und ohne Kratzer in eine enge Parklücke kommt, der hat schon eine Meisterleistung vollbracht. Noch viel schwieriger wird das Ganze, wenn auf dem Beifahrersitz eine Tüte voll dampfend heißem Fast Food duftet.

Dieser Versuchung zu widerstehen ist hart, andererseits ist es keine gute Idee, hinter dem Steuer einen vor Senf triefenden Burger auszupacken. Willst du gleichzeitig fahren und essen – dann bleibt nur eins:

Steck deine Hand tief in die knisternde Tüte, und tauche vorbei an kühlen Ketchup-Beuteln, Serviettenstapeln und eingewickelten Burgern, bis du am Boden der Tüte findest, was du suchst: leckere heiße Pommes. Dieses Fritten-Naschen ist ein unwiderstehlicher Vorgeschmack auf ein leckeres Mittagessen. Doch mit Pommes kannst du dein Essen nicht nur gebührend beginnen, sie sind auch ein krönender Abschluss, der nach dem letzten Schluck verwässerter Cola deine Geschmacksnerven noch mal so richtig zum Rocken bringt.

Also tauch ein in die Tüte und fisch dir ein paar FANTASTISCHE Happen!

Fusseln aus einem überquellenden Fusselsieb kratzen

Es hat etwas Therapeutisches an sich, mit den Fingern diesen dunkelgrauen, rot gepunkteten Fusselbelag aus dem Trocknersieb zu fummeln, ihn zu einem Knäuel zusammenzurollen und in den Mülleimer zu werfen. Denn bist du diesen heißen, verfilzten Fetzen erst einmal los, könnt ihr, du und dein Trockner, wieder aufatmen.

FANTASTISCH!

Die zum Dank erhobene Hand, wenn du jemanden vor dir einfädeln lässt

Im Auto drehen wir die Musik auf oder kurven mit dem Handy am Ohr durch die Gegend. Kein Wunder, dass uns da die Kommunikation mit den übrigen Verkehrsteilnehmern oft schwerfällt. Wenn die Geschwindigkeit hoch oder die Zeit knapp ist, begnügen wir uns gern mit ein paar stummen Handzeichen.

Freust du dich nicht auch über die zum Dank erhobene Hand, wenn du jemanden einfädeln lässt? Sie ist die Entschädigung dafür, dass du eine Autolänge später ankommst, weil du jemanden vorgelassen hast.

Aber das ist nicht alles. Gut möglich, dass die Etikette des höflichen Winkens mit dem Dankeswinken nach dem Einfädeln begonnen hat, doch die Gelegenheiten für dieses freundliche Handzeichen sind weit vielfältiger:

1. **Das Winken an der roten Ampel.** Du fährst auf eine rote Ampel zu und der Typ vor dir hält sich vor der Kreuzung möglichst weit links, damit du überholen und rechts abbiegen kannst. Er war höflich, also sei du es auch und bedanke dich im Vorbeifahren mit einem kurzen Winken für die eingesparte Wartezeit.

2. **Das Winken mit Hintergedanken.** Das ist das Winken, mit dem du vorsorglich gut Wetter machst, wenn deine Autoschnauze schon unübersehbar weit in eine verstopfte Straße hineinragt. Wenn du jemanden so unmissverständlich darum bittest, dich vorzulassen, kann der zwar deinen Blick meiden,

dein Winken sieht er aber bestimmt – und wer weiß, vielleicht lässt er sich ja erweichen.

3. **Das entschuldigende Winken.** Trotz ihrer großen Ähnlichkeit gibt es zwischen dem dankenden Winken und dem entschuldigenden Winken einen entscheidenden Unterschied: Während beim Danken die Augenbrauen leicht nach oben gezogen werden, wird das entschuldigende Winken von einer Grimasse begleitet. Wenn du also das nächste Mal einen Wagen voll Teenagern von der Bahn abdrängst, denk dran, dich mit dem richtigen Winken zu entschuldigen, ehe sie im Straßengraben landen.

4. **Das »Bitte, nach Ihnen«-Winken.** Du fährst zeitgleich mit einem anderen Auto an eine Rechts-vor-links-Kreuzung heran und gewährst dem anderen großzügig die Vorfahrt. Vielleicht sitzt ja eine nette alte Dame im anderen Auto, die kaum über das Lenkrad hinaussieht, oder du willst einfach nur den langsamsten Unfall der Welt vermeiden. Wie auch immer, jedenfalls hebst du die offene Hand zu einem höflichen »Bitte, nach Ihnen«-Winken, derselben Bewegung, mit der die Damen von *Der Preis ist heiß* eine neue Waschmaschine oder einen Trockner präsentierten.

Zeichensprache hilft uns, auch im Auto anständig zu kommunizieren und größeres Chaos auf unseren Straßen zu vermeiden. Bist du zuvorkommend im Straßenverkehr, dann freu dich über eine zum Dank erhobene Hand. Und wird dir eine Aufmerksamkeit zuteil, dann wink auch du!

FANTASTISCH!

Wenn du am Einschlafen bist und dich jemand zudeckt

Weißt du, was noch besser ist als ein Nickerchen auf dem Sofa? Nein? Dann sag ich's dir: jener magische Moment kurz vor dem Einschlafen.

Wenn du sanft in jene selige Welt des halben Bewusstseins gleitest, in der deine Gedanken frei dahindriften und Körper und Geist entspannen. Du spürst die Sonne warm auf deinem Gesicht, die leise Musik aus dem Radio verblasst zu einem beruhigenden Summen, und du weißt, der süße Schlaf ist nah.

Das fühlt sich wunderbar an.

Aus diesem einzigartigen Zustand können dich nur zwei Dinge herausreißen:

1. **Eine volle Blase.** Tut mir leid, aber das ist ein echter Grund, noch mal aufzustehen – es sei denn, du traust deiner Blase auch noch bei Ballongröße. Den Gang zum Bad kann dir auch leider niemand abnehmen.

2. **Das Fehlen einer Decke.** Du kennst es bestimmt, dieses leidige Sofa-Frösteln: Es lässt dich sehnsüchtig an die warmen Decken auf deinem Bett denken, und trotzdem ignorierst du es. Denn wenn du aufstehst und sie holst, verlässt du diese wunderbare Welt des Halbschlafs – und das überlegt man sich lieber zweimal.

Das Schönste in solchen Momenten ist, wenn eine gute Seele deine Not erkennt, eine Decke aus dem Schrank holt und sie dir aufs Sofa wirft oder – wenn du richtig Glück hast – dich liebevoll damit zudeckt.

Sofort wird es dir wohlig warm unter der Decke, und du sinkst mit einem Lächeln auf den Lippen in einen sanften, erholsamen Schlaf.

FANTASTISCH!

Wenn du längst volljährig bist und jemand deinen Ausweis sehen will

Sicher hast du ab und zu Lust auf ein gutes Tröpfchen und öffnest zum romantischen Spaghetti-Essen eine Flasche Merlot, stößt beim Campen mit Freunden mit einem kühlen Bier an, trinkst mit Studienkollegen einen Cocktail an der Bar oder lässt in der Silvesternacht die Schampuskorken knallen.

Was auch immer du vorziehst, ein gutes Tröpfchen in Maßen hat noch keinem geschadet. Doch an einem Abstecher im Supermarkt oder direkt im Spirituosengeschäft kommst du da nicht vorbei. Und du weißt ja, was dann ansteht: die Ausweiskontrolle. Ich habe sie erlebt – in vier verschiedenen Lebensphasen:

- **Phase 1: Der wütende Minderjährige.** Du hast das Mindestalter noch nicht ganz erreicht, bist aber nahe dran. Also lässt du's drauf ankommen. Doch das Pickelgesicht an der Kasse kauft dir deinen gefälschten Ausweis nicht ab. Scheiße! Erwischt! Und das so kurz vor dem Ziel. Wütend stürmst du davon und verabschiedest dich von deinen Freitagabendplänen.

- **Phase 2: Der stolze Volljährige.** Du hast das Mindestalter erreicht und kannst endlich auf deinem Partyrecht bestehen. Stolz lenkst du deinen Einkaufswagen durch den Laden, nimmst mal hier, mal dort was aus dem Regal und strahlst übers ganze Gesicht, wenn die Kassiererin nach deinem Ausweis fragt. »Kein Problem!«, sagst du laut und schenkst der gleichgültig dreinschauenden Schlange hinter dir ein breites Grinsen. »Danke der Nachfrage!«

- **Phase 3: Der genervte Mittzwanziger.** Du bist vier, fünf Jahre über dem Mindestalter, und deine Volljährigkeit hat ihren anfänglichen Reiz verloren. Jetzt ist es dir lästig, wenn du wegen einem Sechserpack Bier fürs Fußballspiel am Abend nach dem Führerschein kramen musst. Sieht der Typ mir etwa nicht an, dass ich sechsundzwanzig bin? Denkt der wirklich, so ein Ziegenbart wächst einem mit siebzehn?

- **Phase 4: Der Jungbrunnen.** Einige Jahre später: Das Auszupfen grauer Haare ist längst fester Bestandteil deiner Morgentoilette, und dein Alkoholgeschmack hat sich verändert. Du greifst nicht mehr nach den zuckersüßen Wodka-Alkopops für die heiße Partynacht, sondern suchst im Weinregal nach dem passenden Riesling für den gemütlichen Grillabend auf der Terrasse. Routiniert lenkst du deinen Wagen zur Kasse, lächelst dem Verkäufer freundlich zu und bist plötzlich völlig baff, als der dich nach dem Ausweis fragt.

Wenn dich das jahrelang keiner mehr gefragt hat, versetzt dich so eine Ausweiskontrolle in einen echten Glücksrausch. Aufgeregt kramst du deinen vergilbten Führerschein hervor, streichst die zerknitterten Ecken glatt und nimmst mit glitzernden Augen einen tiefen Schluck aus dem Jungbrunnen – erst recht, wenn du zufällig Geburtstag hast.

FANTASTISCH!

Der Geruch von Regen auf einem heißen Gehweg

Wenn Regen auf einen heißen Weg fällt, hat die Luft einen ganz besonderen Duft. Als würde der Regen die Luft reinwaschen und alle schädlichen Partikel aus ihr herausfiltern. Besonders intensiv ist der Duft, wenn es lange nicht geregnet hat oder der Asphalt sehr heiß ist. Dann hört man es beinahe zischen, wenn die Tropfen auf den Gehsteig prasseln und ein warmer, reinigender Dampf aufsteigt.

FANTASTISCH!

Alte Tupperware

Du findest sie in jeder Küche, ob in staubigen Schränken oder im Regal über der Spülmaschine: richtig alte Tupperware. Sie ist heute so praktisch wie vor zwanzig, dreißig oder vierzig Jahren. Der Tupperverschluss mit dem vertrauten »Blub« ist noch so dicht wie früher und hält dein Bananenbrot feucht, die Selleriestangen knackig und den Rest Lasagne frisch. Tupperbehälter sind die vakuumdichten Genies der Geschmackskonservierung.

Richtig alte Tupperware erkennst du an der Farbe: Froschgrün, Verkehrshütchenorange und Sonnengelb waren die Klassiker. Vielleicht ziert den einen oder anderen Behälter noch ein Blumenmuster aus den 50er-Jahren oder dunkelrote Flecken aus der Zeit, als jemand Chili con Carne darin eingefroren hat.

Wenn ich so ein altes Stück in der Hand habe, frage ich mich oft, welche Leckereien in all den Jahren tuppergerecht darin aufbewahrt wurden. Soviel ich weiß, gibt es Tupperware seit 1946, die Spannbreite der Gerichte ist also groß: von Schweinefleisch-Burgern, Rahmspinat und Johannisbeer-Wackelpudding über Gemüse-Bratlinge, Petersiliensuppe und Tofu-Kekse bis hin zu Pizzataschen und den übrigen Knabbereien von einem langen Fernsehabend.

Das alles hat alte Tupperware miterlebt und in sich aufbewahrt. Sie ist das Zeugnis einer vergangenen Zeit, in der luftdichte Verschlüsse noch etwas bedeuteten – etwas Echtes, Aufrichtiges. Etwas, worauf man sich verlassen kann.

FANTASTISCH!

Wenn sich zwei Fremde freundlich zunicken, weil sie im selben Moment dieselben Dinge tun

Wenn du samstagmorgens mit dem Rad einen Berg hinunterfährst und ein anderer Radfahrer kommt dir von unten entgegen und ihr nickt euch kurz zu, dann ist das, als würdet ihr sagen: »He, wir machen beide dasselbe. Lass uns Freunde sein.«

Das Gleiche kann dir mit jemandem passieren, der dasselbe Auto fährt wie du, zur selben Zeit den Hund ausführt oder neben dir im Supermarkt die Reife der Melonen testet.

FANTASTISCH!

Tanken, bevor der Benzinpreis steigt

Ich stelle mir das so vor:

In irgendeiner dicht bevölkerten Wüstenmetropole sitzen im Konferenzsaal eines Wolkenkratzers ein paar Herren in Maßanzügen um einen massiven, dunklen Mahagonitisch, nippen an ihrem Scotch, tauschen Bilder ihrer neuesten Jachten aus und beschließen nebenbei die Erhöhung der Benzinpreise für das lange Wochenende.

Goldene Manschettenknöpfe klirren gegen geschliffene Kristallgläser, während der Rauch teurer Zigarren und das dröhnende Lachen der Ölbonzen den Raum erfüllt.

Sie besiegeln ihren Entschluss per Handschlag, steigen in ihre Luxuslimousinen und lassen sich von ihren Chauffeuren zum Flughafen zurückfahren. Zuvor jedoch tanken sie noch einen Schuss Superbenzin, um die bösen Säfte am Zirkulieren zu halten.

Natürlich weiß ich nicht, ob das wirklich so abläuft. An der Tankstelle ist es jedenfalls immer dasselbe: Wenn du für das Wochenende volltanken willst, sind die Preise gestiegen.

Deshalb lohnt es sich, unter der Woche die sinkenden Preise im Auge zu behalten und just in dem Moment zum Zapfhahn zu greifen, wenn sie am niedrigsten sind und bevor sie am Wochenende wieder in die Höhe schnellen.

Wenn du zum Wochentiefpreis tankst, läufst du mit einem beschwingten Lächeln zum Auto zurück, klimperst in deiner

Hosentasche mit den gesparten Euros und überlegst dir, was du diesmal Schönes davon kaufst: einen Lottoschein, Frostschutzmittel für die Scheibenwischer oder lieber einen Hamburger für den Nachhauseweg? Wofür du dich auch entscheidest, eines ist sicher: Wenn du morgen an der Tankstelle vorbeifährst und der Benzinpreis ist gestiegen, kannst du dich entspannt zurücklehnen, denn diese Woche hast du das Preisroulette gewonnen.

FANTASTISCH!

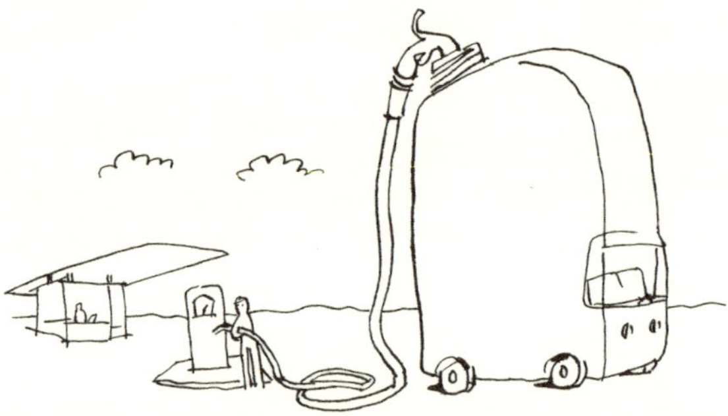

Zum ersten Mal alleine Fahrrad fahren

Kein Grund zur Sorge, Papi ist hinter dir und hält das Fahrrad am Gepäckträger, also trittst du in die Pedale und fährst los. Du fährst und fährst, bis du plötzlich bemerkst, du fährst allein. Du schaust über die Schulter und siehst ihn dort hinten, wie er dir zuwinkt und dich anfeuert.

Du hast es geschafft!

FANTASTISCH!

Sandalen tragen, wenn du keine tragen solltest

In der Stadt, in der ich zur Schule ging, folgte ein Wetterextrem dem anderen. Der Herbst ging mit heftigen, kalten Stürmen einher, die unsere Wangen so rot werden ließen, als hätten wir mit Schmirgelpapier Rouge aufgetragen. Im Winter lag auf den Gehwegen zentimeterhoch der Schneematsch – eine rutschige Mischung aus halb gefrorenem Nass und Streusalz, die nach dem Trocknen hässliche Flecken auf Schuhen und Hosen hinterließ.

Mit der Schneeschmelze im Frühling sogen sich die Grünflächen mit Wasser voll, was man dem Gras nicht ansah. Doch wagte man sich darauf, sank man blubbernd ein, und die Schuhe und Socken waren durchtränkt von eiskaltem Matsch. Es fühlte sich an, als würde man über ein Moor voller aufgedunsener Regenwürmer und Hundekacke vom Vorjahr laufen.

Das war nicht angenehm. Und meinen Mitbewohnern und mir blieben nur zwei Möglichkeiten:

1. Entweder wir versuchten, das Wetter vorherzusagen, und kleideten uns entsprechend nach dem Zwiebelprinzip, packten auch an sonnigen Tagen einen Regenschirm ein, kauften wasserdichte Gummistiefel und kommentierten das Ganze mit Wörtern wie »einbunkern« und »sich hinauswagen«.

2. Oder wir ignorierten das Wetter einfach.

Wir entschieden uns für Option zwei – mit allen damit verbundenen Konsequenzen.

Unsere Haut war rot vom Wind, und Eisregen durchtränkte unsere T-Shirts. Unsere Socken waren regelmäßig so pitschnass, dass wir sie auswringen konnten, wenn wir nach Hause kamen. Die Haut an unseren Beinen war trocken und die Kälte steckte uns tief in den Knochen.

Doch wir gewöhnten uns daran und lernten damit umzugehen.

Mein Mitbewohner Dee war ein Meister im Wetterignorieren. Er trug das ganze Jahr über Sandalen. Da konnte es stürmen, regnen oder schneien, er blieb seinem offenen Schuhwerk treu. »Die Zehen müssen atmen« war seine Devise. »Atmen!«, wiederholte er mit unerschütterlicher Miene und zurrte den Klettverschluss seiner Sandalen fest. Dann schlug er munter auf seinen Rucksack, atmete tief ein, öffnete mit einem Zwinkern die Haustür und verschwand im Schneesturm.

An schwarzen Tagen wurden wir hart dafür bestraft, selbst das schlimmste Unwetter zu ignorieren: zum Beispiel wenn ein Lastwagen direkt neben uns durch eine dreckige Pfütze fuhr und uns von oben bis unten vollspritzte, oder wenn unsere Zehen zu Eiszapfen gefroren waren und wir sie zwanzig Minuten an der Heizung auftauen mussten, bevor wir sie wieder spürten. Doch wir haben es überlebt.

Und es hat seinen Reiz, Sandalen auch dann zu tragen, wenn es überhaupt nicht angebracht ist. Das ist Freiheit pur: keine drückenden Schuhe, keine Socken, die deine Zehen einengen, und ein gesunder Trotz gegenüber Wettervorhersagen, die Frostbeulen prophezeien.

Glaub mir, freien Fußes beschreiten wir neue Wege. Und niemand kann uns dabei stoppen.

FANTASTISCH!

Nach einem langen Flug aus dem Flieger steigen

Dir weht frische Luft um die Nase, das Babygeschrei verstummt, du schaltest dein Handy ein und kannst wieder telefonieren, mit wem und wann immer du willst. Du kannst dich frei bewegen, nach Belieben räkeln und strecken und fühlst dich zum ersten Mal seit vielen Stunden wieder pudelwohl. Du hast den engen Fensterplatz verlassen, stehst endlich wieder aufrecht und gehst lächelnd davon.

FANTASTISCH!

Beim Scrabble-Spielen gleichzeitig ein Q und ein U fischen

Beim Scrabbeln bin ich eine Niete.

Wenn ich an die Reihe komme, lehnen sich die anderen gelangweilt zurück und stellen sich auf eine lange Wartezeit ein. Ich fühle mich schuldig, starre auf meine Spielsteine und suche krampfhaft nach einem Wort, das länger ist als drei Buchstaben, weil sich die anderen sonst wieder beschweren, ich »verstopfe das Spielfeld«.

Nach ein paar Minuten sagt der Erste: »Wisst ihr, was dem Spiel fehlt? Ein Zeitlimit!« Ha, ha! Alle lachen und schauen mich an. Ich blicke kurz auf, grinse verlegen zurück und starre wieder verbissen auf meine Buchstaben. Die Minuten verstreichen, ich schaue mit einem scheuen Lächeln auf und komme mit einem meiner Standardsätze:

1. »Tut mir leid, Jungs! Aber ich hab praktisch nur Vokale.«

2. »Das ist hier der reinste Konsonantentreff. Gebt mir noch eine Minute, und ich mache aus *jgrfqll* ein Wort.«

Einige Mitspieler nicken und lächeln über meinen lahmen Witz, ein anderer schaltet gelangweilt den Fernseher ein und zappt durch die Kanäle, und wieder ein anderer schnappt sich eine Zeitung und geht aufs Klo, während ich zum hundertsten Mal meine Buchstaben umstelle und verzweifelt dafür bete, sie mögen sich auf wundersame Weise zu Wörtern wie *rügen, verhext* oder *Wadenbein* zusammenfügen.

Ich bin mit den Nerven am Ende, und mein Herz rast, als ich endlich in einem Akt der Verzweiflung ein lahmes Vier-Buchstaben-Wort wie *Geld* oder *Buch* aufs Brett lege. »Acht Punkte«, informiere ich kleinlaut den Punktezähler, während ich das Brett zum Nächsten schiebe und ihm mit einem kurzen Nicken zu verstehen gebe, dass er an der Reihe ist.

Mein Problem ist, dass ich oft gleich am Anfang Buchstaben wie *j, z* oder *q* erwische, mit denen ich mich dann das ganze Spiel über herumquälen muss. Am schlimmsten von allen ist das *Q*. Mit seinen verlockenden 10 Punkten fordert es mich auf, endlich eines der vier *Us* zu ziehen, ohne die ich mit dem *Q* nichts anfangen kann. Mit den Buchstaben auf meinem Bänkchen lege ich schon Wörter wie *Q_ote, Q_ark* und *q_er* und hoffe bei jeder Runde auf das alles entscheidende *U* – doch meistens hoffe ich vergeblich.

Bei Scrabble gleichzeitig ein *Q* und ein *U* zu ziehen ist deshalb das Beste, was dir bei einem Brettspiel passieren kann. Das ist noch schöner, als bei Monopoly zwei Hotels auf die Schlossallee zu setzen oder bei Pictionary einen perfekten Dinosaurier zu zeichnen.

Mit einem *Q* und einem *U* bei Scrabble trumpfe ich auf und habe schon gelegt, bevor meine Mitspieler für ihre Sticheleien nur den Mund aufkriegen.

Kannst du dir vorstellen, wie ich mich dann fühle? Genau:

FANTASTISCH!

Alte Leute, die in ihrem Vorgarten sitzen und dir beim Vorbeigehen zuwinken

Wie stellst du dir dein Rentnerdasein vor?

Siehst du dich schon an heißen Stränden faul unterm Sonnenschirm liegen oder mit deinen Enkelkindern durch den Zoo spazieren? Oder widmest du dich lieber deinen Gemüsebeeten oder machst deine Hobbyschnitzerei zu einem lukrativen Kunsthandwerk?

Was immer du vorhast: Setz dich auch ab und zu in deinen Vorgarten, trink ein Bierchen und grüß die Leute, die an dir vorüberkommen.

Denn du machst dich als Nachbar nicht nur beliebt, indem du das Rasenstück von nebenan mitmähst, deinen Laubbläser verleihst oder für jemanden die Post sammelst, bis er wieder aus dem Urlaub zurück ist. Nichts von alledem weckt so viele Sympathien wie alte Leute, die auf ihrer Veranda sitzen und den Vorübergehenden ein herzliches Lächeln schenken und ihnen freundlich zuwinken.

FANTASTISCH!

Barfuß im Sand laufen

Lass deine Füße atmen!

Weißt du, wie befreiend es ist, wenn du nach einem langen Tag deine engen Schuhe ausziehst, die verschwitzten Socken abstreifst und mit bloßen Füßen am Strand entlanggehst?

Überleg mal: Millionen winziger Sandkörnchen nehmen sich deiner müden, geschundenen Füße an und verwöhnen sie mit einer herrlich kitzeligen Massage.

Der Sand schiebt sich zwischen deine Zehen und unter deine Nägel und klebt an deinen Sohlen wie Butter auf einem warmen Toastbrot. Und du findest es einfach nur himmlisch und genießt das sanfte Knirschen unter deinen Füßen.

FANTASTISCH!

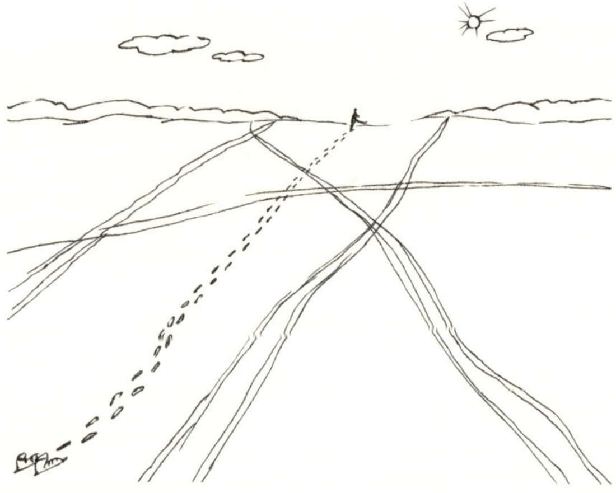

Den Löffel in ein frisches Glas Erdnussbutter tauchen

Wenn ich die Schutzfolie von einem Glas Erdnussbutter abziehe, fühle ich mich wie ein Wissenschaftler, der gerade durch das beste Teleskop der Welt schaut und als Erster einen neuen Planeten erkundet. »Die Oberfläche ist glatt«, verkünde ich der begeisterten Schar wissbegieriger Professoren neben mir. »Ja, eine wunderschöne, unberührte hellbraune Landschaft.«

Ohne Scherz: Das ist, woran ich denke, wenn ich ein neues Glas Erdnussbutter öffne. Ich zögere kurz, weil es mir leidtut, dieses Paradies zu zerstören. Doch dann schreite ich eiskalt zur Tat: Ich werfe den Toaster an, hole einen Löffel aus der Schublade, tauche ihn tief in die dichte, homogene Masse, hole ihn mit einem verheißungsvollen Plopp aus dem Glas und streiche mir die Riesenportion Erdnussbutter genüsslich aufs Brot.

Na, läuft dir auch das Wasser im Munde zusammen?

Danach werde ich zum Künstler: Ich kann es entweder bei dem großen Loch in der Mitte des Glases belassen und von Mal zu Mal tiefer bohren. Oder ich grabe am Rand des Glases weiter, bis in der Mitte eine Insel entsteht, die mit jedem Erdnussbutterbrot kleiner wird.

Die Möglichkeiten sind nahezu unbegrenzt und unterliegen der Künstlerfreiheit.

Ich bin sicher: Den Löffel in ein unberührtes Glas Erdnussbutter zu stecken und sie damit für dich zu beanspruchen, ist ein ähnliches Gefühl, wie eine Flagge in den Mond zu rammen – natürlich in einem etwas kleineren Maßstab. Du drückst dem Glas deinen Stempel auf und stellst es zurück in den Schrank, wo es geduldig auf die nächste Löffelattacke wartet.

FANTASTISCH!

Wenn jemand für dich den Kopierer repariert

Ein defekter Kopierer gehört zu den unangenehmsten Dingen, die dir im Büro passieren können.

Im Raum stinkt es nach Toner, du hast alle Klappen des Geräts aufgeklappt und irgendwo im Innern zwischen Rollen und Federn zerknittertes Papier entdeckt.

Und da stehst du nun in Bundfaltenhose und blütenweißem Hemd und das Letzte, was du in diesem Moment tun möchtest, steht dir bevor: die Hemdsärmel hochkrempeln, auf die Knie gehen und deine Arme in diesem heiß gelaufenen, mit Toner verschmutzten Ungetüm versenken.

Niemand kommt dir in solchen Momenten gelegener als der hilfsbereite Technikfreak aus der IT-Abteilung, der pfeifend den Raum betritt und dein Problem in null Komma nichts behebt.

Freudig lächelnd drückst du deine Reisekostenabrechnung an die Brust, während dein Helfer in der Not an Knöpfen dreht und Blättern zerrt, die Klappen schließt – und der Kopierer brummt wieder wie neu.

Ein dankender Handschlag mit Schulterklopfen, und es kann weitergehen.

FANTASTISCH!

Der perfekt getoastete Toast

Lässt du ihn zu lange drin, hast du angekohlte Ecken und ein trockenes Inneres.

Lässt du ihn zu kurz drin, ist das Innere gummiartig und die Rinde weich. Also drück den Hebel nach unten, dreh am Knopf und toaste deinen Toast zur Perfektion.

FANTASTISCH!

Die Nährwertangaben lesen und trotzdem genießen

Manchmal packt dich einfach die Neugier, wenn du den Schokoriegel aufreißt, den Cheeseburger auspackst oder die zweite Portion Eiscreme auf deinen Teller schaufelst. Du drehst die Packung um und wirfst einen Blick auf die Nährwertangaben.

Und rate mal, was dich da erwartet? 64 Prozent der empfohlenen Tagesdosis an gesättigten Fettsäuren, 76 Prozent der Tagesdosis an Cholesterin und dazu noch eine Menge Kohlenhydrate.

Du zögerst, zuckst nervös mit dem Auge und wirfst einen schuldbewussten Blick auf den Salatteller deines Nachbarn. Doch nach diesem kurzen besinnlichen Innehalten schiebst du die Zweifel hoffentlich beiseite und steckst dir den Leckerbissen genüsslich in den Mund. Vielleicht verzichtest du dafür beim Abendbrot auf die Butter oder ernährst dich für den Rest des Tages natriumarm. Vielleicht zuckst du aber auch lässig mit den Schultern und sagst dir: »Das ist schon okay so!« Und ich garantiere dir: Das ist die richtige Einstellung! Du liest, weißt alles – und genießt das Verbotene trotzdem. Das ist die wahre Kunst zu leben!

Also lass es dir schmecken!

FANTASTISCH!

Wenn du einen deiner Lieblingsfilme anschaust und nicht mehr weißt, wie er ausgeht

Kennst du das auch?

Deine Lieblingsfiguren erscheinen auf dem Bildschirm und die ersten altbekannten Szenen, dann folgen ein paar unerwartete Wendungen, ein paar Details, an die du dich nicht erinnerst, und plötzlich fällt es dir wie Schuppen von den Augen: Du hast keine Ahnung, wie der Film ausgeht. Du weißt nicht mehr, wer stirbt und wer der Mörder ist und wer am Ende wen heiratet und kannst den Film genießen wie beim ersten Mal.

Also knipst du das Licht aus, kuschelst dich in deine Sofadecke, fauchst deinen Mann an, er soll endlich leise sein, und heftest den Blick gespannt und voller Vorfreude auf den Bildschirm.

Denn du weißt, es wird ein Hochgenuss.

FANTASTISCH!

Der Duft des Kaffeeregals im Supermarkt

Heißt dich dein Supermarkt auch mit kaltem Neonröhrenlicht, einem rutschigen Boden und dem Gestank von rohem Fisch willkommen? Dann bist du sicher froh, wenn du an den grünen Bananen am Obststand, den wackeligen Stapeln Küchenpapier und den Brötchen vom Vortag vorbei bist und schließlich vor dem Kaffeeregal stehst und den verführerischen Duft tief in dich einatmest.

FANTASTISCH!

Das bunte Biersortiment, das nach einer Party in deinem Kühlschrank steht

Für meinen Freund Mike gelten auf Partys je nach Alter der Gäste ganz bestimmte Regeln:

- **Unter 25 Jahre:** Die Gäste bringen zur Party ihre eigenen Getränke mit. Du kannst sie als Gastgeber dazu auffordern, wenn du willst. Meist bringen sie aber schon ganz von selbst Bier und sonstige Getränke oder einen Pack Erdnussflips.

- **25 bis 30 Jahre:** Der Gastgeber sollte Wein, Bier und ein paar Snacks anbieten. Du gehörst jetzt zu den alten Knackern und hast als Gastgeber mehr Verantwortung. Also sieh zu, dass du zwischen der Erneuerung deiner Hypothek und deinem Termin beim Urologen ein paar Flaschen Alk besorgst.

- **30 bis 40 Jahre:** Hier gilt dasselbe plus die üblichen Bargetränke – ab jetzt wird Feiern teuer, wenn du dich an Mikes Ratschläge hältst.

- **Über 40 Jahre:** Offene Bar plus Catering-Service. Da kontrollierst du vorher lieber noch mal dein Bankkonto.

Das sind dagegen meine Regeln:

Bring einen Stuhl mit, wenn du kommst. Denn ich garantiere für nichts. Keine Getränke, keine Stühle, kein Toilettenpapier und ganz bestimmt keinen alten Butler mit dünnem Schnurrbart, der mit einem silbernen Tablett seine Kreise zieht und den Gästen Chicorée-Häppchen mit Schwanenleber und Trüffelöl vor die Nase hält.

Stattdessen klebt ein Zettel an meiner Haustür mit der Nachricht, dass wir dich und deinen Sechserpack Bier im Garten hinterm Haus erwarten. Wenn du Glück hast, liegt irgendwo noch ein angebrochener Pack Nachos herum, oder du findest noch ein paar Erdnüsse im Küchenschrank. Wenn nicht: Sieh nach, wie viel Geld du dabei hast. Dann lassen wir eine Pizza kommen.

Falls du es noch nicht bemerkt hast: Ich bin knauserig, und es ist für mich ein Riesenspaß, wenn ich am Morgen nach einer Party meinen Kühlschrank öffne und das bunte Sortiment der übrig gebliebenen Getränke vor mir steht, welche die Gäste zurückgelassen haben. Sie sagen dir genau, wer auf der Party war: ein Energy-Drink auf Wodkabasis – ein Schichtarbeiter, der sich wach halten wollte; heimisches Dosenbier – ein armer Student, der sparen muss; riesige braune Bierflaschen mit Bügelverschluss und vielen Konsonanten auf dem Etikett – ein junges Karriere-Pärchen aus Europa; ein pappsüßer Wodka-Mix – Oberstufenschüler; Bier aus kleinen Brauereien, die kein Mensch kennt – Jazzmusiker; noble Portweinflaschen – britische Tories.

Ich liebe dieses wilde Durcheinander verschiedener Biersorten und sonstiger Getränke. Denn sie machen mich zu einem besseren Gastgeber für meine nächsten Gäste.

FANTASTISCH!

Beim ersten Versuch alle Kerzen ausblasen

Spucke runterschlucken, tief Luft holen und losblasen!

FANTASTISCH!

Heimliche McDonald's-Besuche

Zwischen meinem Freund Scott und seiner Frau Molly gab es Zoff.

Und dazu kam es so: Als er eines Morgens ins Auto stieg, fallen ihm die Schlüssel zwischen Fahrersitz und Tür des Honda Civic, den er sich mit seiner Frau Molly teilt. Er tastet mit der Hand in den Zwischenraum, doch statt der Schlüssel zieht er einen fettigen Chicken-McNuggets-Behälter von McDonald's hervor, in dem noch ein verkrusteter Rest Barbecue-Soße klebt.

Er hatte seine Frau Molly auf frischer Tat ertappt. Sie hatte den hochheiligen Neujahrspakt gebrochen, mit dem sich die beiden geschworen hatten, gesünder zu essen.

Scott brachte das Thema auf den Tisch, als wir abends gemeinsam vor dem Fernseher saßen:

Scott: »Heute Morgen sind mir im Auto die Schlüssel runtergefallen, in diesen Schlitz zwischen der Tür und dem Fahrersitz, ihr wisst schon.«

Molly: *(neugierig, worauf ihr Mann hinaus will)* »Okay…?«

Scott: »Als ich dann aber meine Hand da runterstreckte, fand ich etwas ganz anderes.«

Molly: *(leicht verunsichert)* »O-kay …?«

Scott: *(lächelt mit leicht angehobenen Augenbrauen)*

Molly: *(zieht die Augenbrauen zusammen)*

Scott: »Einen Barbecue-Soßen-Behälter von McDonald's!«

Molly: *(schuldbewusst)* »Oh, neiiiin ...!«

Es folgte eine Pause betretenen Schweigens, dann fingen wir lauthals an zu lachen.

Denn Hand aufs Herz: Werden wir nicht alle manchmal schwach und verwischen nach dem heimlichen Abstecher bei McDonald's unsere Spuren? Wir achten darauf, dass in der Tüte keine Pommes mehr sind, wischen uns sorgfältig das Salz von den Lippen, suchen unser T-Shirt nach Ketchupflecken ab und legen die übrigen Stoffservietten zu den anderen ins Handschuhfach. Das ist ein sündhaft leckeres Vergnügen – und solange wir keine Nuggets bestellen, bleibt es auch geheim.

FANTASTISCH!

Das Auto, mit dem du aufgewachsen bist

Es war spät in der Nacht, im Hintergrund lief leise Musik, und wir hingen mit ein paar Freunden auf dem Sofa herum und quatschten, als mein Schwager Dee in einem Anflug von Nostalgie plötzlich anfing, von dem alten Chevrolet Suburban seiner Eltern zu schwärmen.

»In dem Monster hatten neun Leute Platz. Neun, ich schwör's euch! Eine Sitzbank war hinten, eine in der Mitte und eine vorn. Als meine Eltern ihn kauften, sagte ich: ›Warum machen wir vorne nicht Sitze mit Lehnen rein?‹ Doch sie wollten das nicht. Und tatsächlich waren die Sitzbänke extrem praktisch. Mein Vater kutschierte unser gesamtes Baseballteam durch die Gegend. Vierzehn Zwölfjährige quetschten sich auf die drei Bänke. Wir nannten ihn den Teampanzer. Ehrlich, ich vermisse das alte Monster.«

Dee schüttelte lächelnd den Kopf und schaute mit verklärtem Blick auf den Sofatisch.

Seine mitternächtliche Autonostalgie hatte mich angesteckt.

Für meine Schwester Nina und mich gab es nichts Schöneres, als auf dem Rücksitz unseres Pontiac-Kombi von 1984 zu sitzen. Er war innen und außen braun und hatte seitlich eine noble Zierleiste in Wurzelholzoptik. Der Rücksitz dieses Straßenkreuzers – zwei Meter vom Fahrersitz entfernt – war eine Welt für sich. Wir waren außer Hörweite und konnten ungestört reden, spielen und durch das Rückfenster den Fahrern hinter uns Grimassen schneiden.

Im Sommer verbrannten wir uns die Finger am glühend heißen Metall der Gurtschnallen. Die Getränkehalter klebten von den unzähligen Cola-Bechern, die darin übergeschwappt waren. Daran änderten auch die Papierservietten von McDonald's nichts, die in den Haltern steckten. Die Klimaanlage war defekt, die Fenster gingen nicht ganz auf, und es gab weder Minibildschirme noch sprechende Landkarten noch anderen technischen Schnickschnack. Wir unterhielten uns selbst und harrten brav auf den dunklen, fleckigen Stoffsitzen aus, bis wir am Ziel waren.

Was hatte deine Familie für ein Auto? Einen Dodge Dart von 1969? Einen Chevrolet Chevette in klassischem Mattgrau oder einen Chevy Lumina Van, Baujahr 1995? War es ein Monster wie der Chevrolet Impala 1968 oder der De Soto 1954? Oder hattet ihr einen Ford Taurus von 1991 in hellem Türkis?

Was es auch war – ich bin sicher, in dir kommen ein Haufen Erinnerungen hoch, wenn du das Auto in derselben Farbe und mit derselben Ausstattung durch die Stadt kurven siehst oder es aufwendig restauriert bei einer Oldtimer-Ausstellung entdeckst.

Und bestimmt siehst du es auch ab und zu vor deinem inneren Auge vorbeirollen, wenn du mal wieder in nostalgisch-süßen Tagträumen schwelgst.

FANTASTISCH!

Etwas gratis probieren, das man nicht vorhat zu kaufen

Oh, ein kleiner Becher Erdbeer-Kiwi-Punsch – darf ich? Pfeffer-Dill-Cracker – wie mag das wohl schmecken? Ach, ein Salami-Melonen-Spieß, vielen Dank!

Für Leute, die sich über kulinarische Neuheiten gerne auf dem Laufenden halten, sind die Gratisproben im Supermarkt ein Segen – vor allem bei Produkten, die sie selbst nie kaufen würden. Du kostest von einem neuen Fruchtsaft-Mix, steckst den neuen Kaugummi in den Mund, nimmst ein Löffelchen vom neuen Pasta-Fertiggericht und gönnst so deinen Geschmacksnerven regelmäßig eine kleine Abwechslung.

Und wenn dich das neue Produkt nicht überzeugt, brauchst du das der netten Lady mit dem rosa Lippenstift ja nicht gleich auf die Nase zu binden. Mach es wie ich: Nimm die trockenen Kekse, die versalzene Salami oder die Lasagne ohne Käse und sag etwas wie: »Oh, nur 4,29 Dollar? Nicht schlecht. Und darauf gibt es noch 50 Cent Rabatt?« Du lächelst sie an, wirfst die Packung in deinen Wagen und sagst: »Warum nicht? Vielen Dank!«

Ein paar Regale weiter legst du die Packungen dann wieder ab. Mag sein, du fühlst dich einen Moment lang schuldig, danach aber bestimmt …

FANTASTISCH!

Wenn dir ein Wort eine Ewigkeit auf der Zunge liegt und es dir dann plötzlich einfällt

Als würde dir jemand einen Eimer kaltes Wasser auf dein rauchendes Hirn schütten: Die Zahnrädchen kommen wieder in Gang, und du lehnst dich zufrieden lächelnd in deinem Stuhl zurück und spuckst es aus:

»Parcheesi, so heißt das Spiel.«

FANTASTISCH!

Wenn dir jemand deine dreckigen Klamotten wäscht

Als ich mal wieder wahllos durch die Kanäle zappte, landete ich bei einer Quizshow, als der Moderator die Kandidaten fragte: »Welches ist die gemeinhin beliebteste Hausarbeit?«

Kandidat eins legte die Stirn in Falten, überlegte einen Moment und antwortete dann unsicher mit Staubsaugen, während es Kandidat zwei mit Geschirrspülen probierte. Beide Kandidaten gingen leer aus. Die korrekte Antwort war Wäschewaschen.

Aber mal ehrlich: Wer hätte gedacht, dass die Leute am liebsten Wäsche waschen? Für mich gehört Wäschewaschen zu den lästigsten Aufgaben überhaupt. Und ich sag dir auch, warum:

1. **Die Zeit.** Wäschewaschen ist zeitaufwendig. Da drückst du nicht einfach wie bei der Spülmaschine auf einen Knopf und kümmerst dich dann um anderes. Nein, Wäschewaschen heißt einen Nachmittag lang in der Waschküche ein- und ausgehen oder eine Nacht im Waschsalon in der Klatschzeitung blättern. Du musst immer zur Stelle sein: die Waschmaschine festhalten, wenn sie beim Schleudern zu wandern anfängt, die Wäsche in den Trockner stecken, T-Shirts zusammenlegen, bevor sie zerknittern.

2. **Die Mühe.** Ich habe nie wirklich begriffen, wie man Wäsche sortiert. Auch die Hieroglyphenschrift auf den Etiketten mit

ihren mysteriösen Dreiecken, Quadraten und Kreisen war mir immer ein Rätsel und hat mir schon so manchen Pulli ruiniert.

Was kann dir also Besseres passieren als das: Eine gute Seele – das kann dein Mitbewohner, dein Partner oder auch deine Schwester sein – fragt dich mit einem vollen Korb Dreckwäsche unterm Arm: »He, soll ich was von dir mitwaschen?« Das ist dein Stichwort: Du lässt alles stehen und liegen. Denn nach dieser Frage bleiben dir rund ein bis zwei Minuten Zeit, bevor die Waschmaschine läuft. Du springst von dem Sofa auf, wo du gerade noch faul vor dem Fernseher gelegen hast, rennst in dein Zimmer, sammelst in Windeseile deine dreckigen Klamotten zusammen, schleppst sie in die Waschküche und bedankst dich überschwänglich bei der guten Seele, die sich ihrer annimmt.

So, das wäre geschafft! Jetzt kannst du dich wieder auf die Couch werfen – mit der beruhigenden Gewissheit, dass morgen ein Stapel frisch gewaschener Wäsche auf dich wartet.

FANTASTISCH!

Wenn du den Kellner mit deinem Essen aus der Küche kommen siehst

Jemand am Tisch macht »Pst!« und nickt in Richtung Küche. Eure Gespräche verstummen, und ihr schaut mit erwartungsvollen Blicken dem Kellner entgegen, der mit dampfenden Tellern direkt auf euren Tisch zusteuert.

FANTASTISCH!

Die abenteuerlichen Geschäftsideen von Kindern

Als ich ungefähr vierzehn war, meldete ich mich für einen Kurs mit dem Titel »Die jungen Unternehmer« an. Es war ein lockeres, nicht gewinnorientiertes Projekt, das die unternehmerischen Fähigkeiten von Jugendlichen fördern sollte. In der Praxis sah das so aus: Jeden Donnerstagabend trafen sich ein paar Kinder in einem Raum und verwandelten sich unter der Aufsicht eines Erwachsenen in kleine Geschäftsleute.

Meine Gruppe entwickelte eine Geschäftsidee namens »Kreationen aus Stein«. Das war die raffinierte Umschreibung unseres Kernprodukts: billige, handgemachte Halsketten aus Stein. Wir glaubten, mit dieser brillanten Idee den absoluten Verkaufsknaller gelandet zu haben. Denn wer war nicht vernarrt in Halsketten? Und Steine gab es genug und dazu noch kostenlos. Einen Donnerstag sammelten wir sie am Strand, den nächsten malten wir sie an, und am dritten Donnerstag bohrten wir Löcher in die Steine und fädelten sie auf. Wir waren sehr zufrieden mit unserer Arbeit und glaubten weiter fest an unseren Erfolg.

Ein paar Wochen später mussten wir uns eingestehen, dass wir auf das falsche Pferd gesetzt hatten. Wir konnten unsere Kreationen anpreisen, so viel wir wollten, sie kamen bei den Flohmarktbesuchern einfach nicht an. Wir stürzten schnell in die roten Zahlen, blieben fast auf dem gesamten Lagerbestand sitzen und mussten allerlei Spott über uns ergehen lassen. Aber dann zeigten wir es allen und bewiesen uns doch noch als gute Geschäftsleute. Wir änderten den Namen kurzerhand in »Kalender-

und Steinkreationen« um. Dann ließen wir ein paar plastikbeschichtete Kalenderblätter drucken, hängten einen Stift daran, klatschten ein paar Magnete auf die Rückseite und verkauften diese wiederverwendbaren Kühlschrank-Kalender für vier Dollar das Stück in der Nachbarschaft.

Und diesmal rollte der Rubel, wir waren wieder im Geschäft. Der Kalenderverkauf brachte nicht nur Geld in unsere Kassen, er führte auch zu gut funktionierenden Geschäftsbeziehungen zur Verkäuferin des örtlichen Schreibwarenladens, bei der wir unsere Marker bezogen. Am Ende ging alles gut aus, wenn wir auch so manche Nacht mit einem Taschenrechner, kariertem Papier und angenagten Bleistiften im trüben Schein unserer Schreibtischlampe verbrachten und verbissen an unserem Geschäftsbericht arbeiteten.

Es war eine prima Erfahrung, die mir Lust machte, ein eigenes Unternehmen zu gründen. Ich freue mich deshalb jedes Mal, wenn ich Kinder sehe, die sich mit irgendeiner schrägen Geschäftsidee ein paar Dollar verdienen. Denn sie lernen Dinge, die sie in keinem Klassenzimmer der Welt lernen könnten, und haben dabei noch Riesenspaß. Sie kriegen ein Gefühl dafür, wie sie etwas an den Mann bringen, lernen, im Team zu arbeiten und Ideen zu verwirklichen. Und das alles, weil sie den Mut haben, ihr Glück zu versuchen.

Und ehrlich: Sind sie dabei nicht hinreißend? Die Zwillinge, die an der Straßenecke ihren Limonadenstand aufgebaut haben, die Jugendmannschaft des Turnvereins, die vor dem Kaufhaus Grillwürste verkauft, oder der Junge, der deinen Einkaufswagen zurückbringt, wenn er dafür die 50 Cent Pfand behalten darf?

Ermutigen wir diese Kinder, und kaufen wir ihnen auch das nächste Mal ihre steinharten Kekse und salzigen Dattelplätzchen ab. Denn wir investieren dabei nicht nur in eine Magenverstimmung, sondern vor allem in unsere Zukunft.

FANTASTISCH!

An heißen Tagen einen klimatisierten Raum betreten

An brütend heißen Sommertagen sehe ich furchtbar aus.

Das ist mir peinlich, aber ich kann daran nichts ändern. Die Kombination aus glänzendem Stirnschweiß, heißer Stadtluft und getrockneter Sonnencreme hat bei mir einen üblen Effekt: Rote Flecken und ein ekliger Fettglanz ruinieren meinen sonst makellosen milchigen Teint. Das Hemd klebt an meinem verschwitzen Körper, und die Achselschweißflecken werden mit jedem Schritt in der brütenden Hitze größer.

Aber du weißt selbst, was für eine Quälerei das an solchen Tagen ist.

Wie gut, dass schon im nächsten Café oder Postamt oder im Laden um die Ecke die Rettung wartet: Kaum öffnest du die Eingangstür, schlägt dir ein Schwall herrlich kalter Klimaanlagenluft entgegen und gibt dir das Gefühl, an der Grenze zweier Welten zu stehen. Worauf wartest du? Hol dir den ultimativen Temperaturschock!

In diesen Oasen der Minusgrade legst du deine widerliche Schweißmaske ab und tauschst sie ein gegen ein frisches, kühles Antlitz. Über deinen feuchten Nacken läuft ein erlösender, eiskalter Schauer, deine Augenlider schließen sich genussvoll, und dein überhitztes Gesicht lächelt entspannt unter der erfrischenden Brise.

FANTASTISCH!

Jemanden beim Singen im Auto ertappen

Es ist spät in der Nacht, die Straßen sind leer, und du stehst bei Rot an einer Kreuzung. Du hörst ein gedämpftes Gejaule, und dein Blick wandert nach links. Amüsiert beobachtest du, wie der Fahrer im Wagen neben dir zur dröhnenden Musik aus seinem Radio abrockt. Mit wilden Kopfbewegungen grölt er mit und schlägt leidenschaftlich auf sein unsichtbares Schlagzeug.

Wird man hautnah Zeuge einer solchen Darbietung ganz privaten Vergnügens, kann man sich ein Lächeln nicht verkneifen. Plötzlich bist du der Produzent, der durch die Glaswand des Tonstudios hindurch seinen passioniert singenden Schützling zum ersten Mal die hohen Töne treffen hört. Es hat Jahre gedauert, bis er clean war und sich vom Leben auf der Straße verabschiedet hat, aber jetzt ist Land in Sicht. Denn was du da hörst, könnte ein erster großer Hit werden.

Vielleicht schaltest du dein Radio auf denselben Song und schwingst ein paar Takte mit, oder eure Blicke kreuzen sich, und ihr schenkt euch ein warmes, verständnisvolles Lächeln. Und vielleicht macht dein Herz einen kleinen Sprung in diesem besonderen Moment, in dem dich dasselbe fantastische Gefühl mit einem wildfremden Menschen verbindet und dir ein Schmunzeln ins Gesicht zaubert.

Ein Hoch auf alle Auto-Rocker! Danke, dass ihr uns aufheitert und das Warten vor einer roten Ampel zu einem fröhlichen Ereignis macht. Rockt und schmettert weiter eure Lieder, denn das macht die Welt schöner und unseren Heimweg …

FANTASTISCH!

Auf einer langen Autofahrt die Schuhe ausziehen

Du sitzt entspannt auf dem Rücksitz, lässt deine Lockenmähne im Fahrtwind tanzen, hältst lässig den Arm aus dem Fenster und wiegst den Kopf sanft zu den leisen Tönen von Buddy Holly.

Deine Füße aber können von solchem Wohlbefinden nur träumen: Sie sind nicht entspannt und haben keine Lust, sich zu irgendeiner Musik zu bewegen. Sie stecken verschwitzt und angeschwollen in heißen Socken und einem engen Paar Schuhe und sehnen sich nach frischer Luft.

Tu ihnen den Gefallen!

Wenn das Auto auf die Landstraße fährt, der Bus auf die Autobahn einfädelt oder das Flugzeug auf die Startbahn rollt, zieh an den Schnürsenkeln und befreie deine Flossen aus ihrem schweißnassen Gefängnis aus Wolle und Leder.

Die Socken kannst du anlassen, wenn du willst. Pflicht ist aber ein ausgiebiges Massage-Reiben an der kleinen Fußstütze unter dem Vordersitz.

Hm, tut das gut! Du kannst deinen schmerzenden Sohlen keine größere Freude machen.

Wenn dein Alltag auch hektisch ist – nimm dir die Zeit: Streif deine Latschen ab, und tu deinen Füßen etwas Gutes. Denn du wirst sehen, hinterher tragen sie dich umso schneller zum Supermarkt.

FANTASTISCH!

Durch den Schnee stapfen

Gefällt dir das auch? Du stapfst mit deinen Schuhen durch tiefen Schnee und trittst dabei in Fußstapfen, die große Stiefel zuvor für dich hinterlassen haben.

FANTASTISCH!

Wenn du endlich die Wimper aus dem Auge kriegst

Augen sind empfindlich.

Hast du schon mal Shampoo, Wasser aus einem See voller Algen oder gar einen Finger in die Augen gekriegt? Das brennt wie die Hölle, nicht wahr? Es sei denn, du benutzt Anti-Tränen-Babyshampoo, da kannst du deine Augäpfel gleich mitwaschen.

Aber im Ernst: Augen haben ihr eigenes Wasserleitsystem und sind ziemlich selbstständig, was ihre Reinigung angeht. Offiziell spricht man von Tränenkanälen, man könnte aber auch Augentoiletten dazu sagen, denn auch sie haben eine Spülfunktion. Wozu also die Typen von der Ersten Hilfe rufen, wenn was ins Auge geht? Deine Augentoiletten kriegen das schon hin. Staub, Dreck, kleine Mücken – sie spülen alles raus. Alles außer Wimpern. Dagegen sind sie machtlos.

Wenn eine Wimper heimlich ihre Anker lichtet und sich vom Augenlid verabschiedet, sind Probleme vorprogrammiert. Und bist du wie ich mit schlecht verwurzelten Wimpern geschlagen, knicken sie einfach ab, landen auf dem Augapfel und kratzen auf deiner Hornhaut herum.

Deine Augentoiletten spülen wie verrückt – doch vergeblich: Die Wimper bleibt kleben und rührt sich nicht vom Fleck.

Du brauchst jetzt nicht den starken Mann zu spielen und mir erzählen, wie viele Schlägereien du schon hinter dir hast und wie oft du angeschossen wurdest! Du weißt so gut wie ich, dass eine

Wimper im Auge schmerzt und dass es ein Riesengefitzel ist, sie wieder loszuwerden. Und oft muss man dafür zu speziellen Mitteln greifen:

- **Die Ausstreichmethode.** Diese Methode empfiehlt sich als Erstes. Du schließt fest die Augen, nimmst deine Wimpern zwischen Daumen und Zeigefinger und streichst sie zart aus in der Hoffnung, die fiese Kratzwimper erwischt zu haben.

- **Die Ausblasmethode.** Das muss ein Freund für dich tun. Und zwar hat er zwei Möglichkeiten: Entweder er überlistet deinen Augenschließreflex und bläst dann, wenn du es am wenigsten erwartest. Oder er wählt die chirurgische Variante, bei der du auf dem Bett liegst und dein Auge offen hältst, während er direkt auf die Wimper bläst. Letzteres funktioniert nur, wenn du dem Bläser wirklich vertraust und sicher bist, dass er schluckt, bevor er bläst. Vielleicht sagst du ihm, er soll an das Ausblasen von Geburtstagskerzen denken.

- **Die Zwinkermethode.** Das kannst du wieder allein. Du versuchst einfach, die Wimper energisch und schnell aus dem Auge zu zwinkern. Grundsätzlich ist das keine schlechte Methode, manchmal geht sie aber nach hinten los und treibt die Wimper nur noch tiefer ins Auge. Entscheide selbst, ob du das Risiko eingehen willst.

- **Das Augenlid-Flattern.** Diese Methode hat mir mein Freund Scott beigebracht, als wir noch klein waren. Du packst das Lid mit zwei Fingern, ziehst es vom Auge weg und drückst es wieder ran – und das ein paar Mal richtig schnell, bis die Wimper aufgibt, am Lid kleben bleibt und du sie abpflücken kannst. Das ist zwar effektiv, aber kein schöner Anblick und mit dem ekligen Schmatzen auch akustisch kein Vergnügen.

- **Das Ausschwemmen.** Wenn das alles nicht hilft, kannst du dein Auge immer noch mit Wasser auswaschen. Am besten an einer dieser Augen-Waschstationen, wie es sie in Baumärkten manchmal gibt. Ich wollte diese Dinger, die aussehen wie ein futuristisches Protomodell aus den 50er-Jahren, schon immer mal in Funktion erleben.

Welche Methode du auch wählst, eines ist sicher: Bevor du die Wimper nicht los bist, tust du nichts anderes. Vielleicht plagst du dich nur fünf Sekunden damit herum, vielleicht aber auch zehn schmerzhafte Minuten lang – am Ende jedenfalls ist es ein herrliches Gefühl, wenn du das Ding draußen hast. Plötzlich ist dir wieder leicht zumute, du blinzelst befreit, und das Leben kann weitergehen.

FANTASTISCH!

Wenn du im Hotel unter der Dusche stehst und endlich begreifst, wie der Duschkopf funktioniert

So ein Duschkopf im Hotel ist eine echte Herausforderung für die grauen Zellen.

Du legst ab, schiebst den dünnen weißen Vorhang zurück, stellst deinen Herausforderer auf deine Größe ein und musterst ihn dann genauer: eine Kombination aus Wählscheiben und Düsen. Diese Wählscheiben drehen sich entweder im oder entgegen dem Uhrzeigersinn, manchmal kannst du sie nur über Kaltwasser auf Warmwasser stellen, manchmal musst du sie erst zu dir herziehen, damit sie funktionieren.

Duschst du in der Badewanne, hast du noch ein anderes Problem: Wie leitest du das Wasser vom Badewannenhahn auf den Duschkopf um? Hast du das Rätsel Minuten später gelöst, wirst du mit einem eiskalten Wasserstrahl belohnt. Die Dynamik eines Duschkopfes zu begreifen ist, als würdest du bei einem Pilotenausfall ins Cockpit stürzen und den Flieger ohne eine einzige Flugstunde heil auf den Boden bringen. Oder als hätte man dich aus dem Tiefschlaf gerissen und ohne jede Anweisung vor ein kniffeliges Problem gestellt – und du hättest es trotzdem gelöst.

Du bist ein frisch geduschter, duftender Held.

Wenn du später in ein kratziges Hotelhandtuch gewickelt das Bad verlässt, sei so nett und gib den nachfolgenden Duschkandidaten eine genaue Gebrauchsanweisung mit auf den Weg.

Sie werden es dir danken.

FANTASTISCH!

Wenn du zu den letzten Takten deines Lieblingssongs dein Ziel erreichst

Ist das nicht einzigartig? Du biegst in die Garageneinfahrt ein, stellst den Motor ab und aus dem Radio schallen die letzten rockigen Akkorde deines Lieblingssongs oder das zarte Gitarrensolo am Ende einer romantischen Ballade. Und wenn du rechtzeitig vor dem ersten Werbespot ausschaltest, behältst du die schöne Melodie noch den ganzen Tag lang im Kopf.

FANTASTISCH!

Zu Hause ein leckeres Essen verzehren und sich vorstellen, wie viel man dafür im Restaurant bezahlt hätte

Ein leckeres Gericht zaubert sich nicht von allein auf den Teller. Die Einkaufsliste ist länger, du holst den großen Suppentopf und die Grillpfanne aus dem Keller, die du schon eine Ewigkeit nicht mehr gebraucht hast, und bist die nächsten paar Stunden in der Küche beschäftigt.

Dann aber kommt der große Moment, wenn jeder am Tisch Platz genommen hat und eine duftig lockere Quiche oder ein raffiniertes Currygericht mit exotischen Beilagen serviert werden. Und während die Gläser und Teller gefüllt und die ersten Bissen verspeist werden, stellt jemand die spannende Frage:

»Was würde das wohl im Restaurant kosten?«

Das ist der Beginn einer angeregten, heiteren Diskussion. Und zu dem guten Gefühl, mit Freunden oder der Familie etwas Leckeres zu essen, gesellt sich die Zufriedenheit darüber, etwas gespart zu haben.

FANTASTISCH!

Wenn ein Sportkommentator genau das wiederholt, was du einen Moment zuvor gesagt hast

Das ist der Augenblick deiner Verwandlung: Vom Kartoffelchips futternden Stubenhocker, der mit Bettfrisur und Trainingshose faul vor der Glotze hängt, steigst du plötzlich auf zum scharfsinnigen Sportkritiker mit Adlerblick und schneller Zunge.

FANTASTISCH!

FANTASTISCH!

Orangenschnitze in der Halbzeit

Als ich sechs Jahre alt war, wurden meine Schulnoten plötzlich schlechter. Also schleppten mich meine Eltern zum Augenarzt, der mich durch ein Gerät gucken ließ, an ein paar Knöpfen herumdrehte und schließlich feststellte, dass das kleine Schielauge die Tafel nicht sah. Doch anstatt mir zu raten, jeden Morgen ein Glas Karottensaft zu trinken oder in die erste Reihe zu wechseln, verschrieb er mir eine Brille mit Gläsern so dick wie Flaschenböden.

Der einzige Brillenträger der Klasse zu sein war nicht einfach. Manchmal war ich Vierauge, Brillenschlange und Blindfisch in einer einzigen Pause.

Hinzu kam, dass es damals nur wenige Brillengestelle für Kinder gab und mir im Laden nur ein einziges passte: ein klobiges rotes Plastikmodell mit einem schwarzen Gummiband, das um den Hinterkopf herumführte. Das ist leider kein Witz. Mit schlechtem Sehvermögen gestraft zu sein reichte nicht, ich musste als Steve Urkel zur Schule gehen.

Kurz: Die Brille wurde zu meinem Fluch.

Sie ging ungefähr einmal pro Woche zu Bruch.

Mal fiel ich mit ihr auf dem Schulhof vom Rücken eines Klassenkameraden, mal prallte ich beim Fangenspielen im Keller mit meiner Schwester zusammen oder bekam auf dem Nachhauseweg einen Schneeball ins Gesicht. Ich rannte auf einem alten Spielplatz gegen einen Kletterbaum, zerdepperte beim Aufstehen die Gläser und vergaß sie auf Stühlen und Sofas. Einmal zerbrach ich sie sogar an zwei aufeinanderfolgenden Tagen. Und jedes Mal war es das gleiche Spiel: Ich erschien mit betretenem Gesicht und zerbrochener Brille zum Abendessen und sagte kein Wort. Das war auch nicht nötig. Die dicken Klebebandstreifen, welche die Brille notdürftig auf meiner Nase hielten, sprachen für sich. Auch meine Eltern ersparten sich mittlerweile jeden Kommentar, selbst die Frage, wie es denn diesmal passiert sei. Nach dem Essen fuhren sie mich dann geduldig zu immer demselben Optiker, um mir immer dasselbe rote Plastikgestell zu kaufen.

Die mit Abstand tragischste Erinnerung an meine Brille von damals geht jedoch auf ein kleines Liga-Fußballspiel zurück. Fast jeder in meinem Bekanntenkreis spielte damals Fußball und meist in einem traditionsreichen Verein.

Es war meine erste und einzige Saison, als ich mitten in einem Entscheidungsspiel den Ball mit voller Wucht ins Gesicht bekam und meine Brille mit einem Knacks entzweiging. Ich sank heulend zu Boden, während der Schiedsrichter das Spiel weiterlaufen ließ, als sei nichts passiert. Ich raffte mich auf und schleppte mich blind wie ein Maulwurf und in jeder Hand ein Stück meiner Brille zum Spielfeldrand. Der Ball hatte einen dicken roten Ring hinterlassen, als hätte jemand mein flaches, rundes Kindergesicht mit einer Herdplatte verwechselt und eine heiße Bratpfanne darauf platziert.

Draußen erwarteten mich schlechte Nachrichten: Der Trainer wollte mich nicht vom Spielfeld lassen, weil unsere Mannschaft bereits in der Unterzahl spielte. Wäre ich ausgeschieden, hätte man uns disqualifiziert. Und schließlich war es das Entscheidungsspiel. Eine kostenlose Pizzaparty und eine Runde Malzbier standen auf dem Spiel.

Also stand ich bis zum Schlusspfiff blind, verheult und mit ampelrotem Gesicht vor den Augen aller Zuschauer in einer Ecke des Spielfelds und verhinderte damit gleichzeitig die Disqualifizierung und den Sieg meiner Mannschaft.

Das war hart.

Und nie hätte ich diese Schmach überstanden ohne meine Mutter, die sich mit einem Klappstuhl zu mir setzte, eine alte Tupperdose öffnete und mir so viele Orangenschnitze gab, wie ich wollte.

Glaub mir, die Orangenschnitze waren die reinste Medizin. Ihre saftig süße Energie brachte mich wieder in Schwung und machte mich fit für die zweite Halbzeit.

Ich habe an jenem Tag eine erbärmliche Vorstellung abgegeben und musste meine Kickstiefel danach endgültig an den Nagel hängen.

Doch nie werde ich die Orangenschnitze vergessen und meine Mutter, die den gesamten Behälter an mich verfütterte und mich das Spiel durchhalten ließ. Tausend Dank dafür, Mama!

Und danke auch euch, Orangenschnitze!

Ihr seid beide absolut …

FANTASTISCH!

Wenn du nicht im Lotto gespielt hast und deine Zahlen nicht gezogen werden

Ich spiele nicht oft Lotto, aber wenn ich spiele, bin ich sicher, dass ich gewinne. Ich mache sorgfältig meine Kreuzchen, kontrolliere noch mal, ob ich an alle Geburtstage gedacht habe, und schiebe den Schein über die Theke.

Auf dem Heimweg lecke ich mein Eis und kicke Zigarettenstummel vom Weg, während ich über Fragen brüte, die sonst nur Reiche beschäftigen: Swimmingpool oder Tennisplatz? Privatjet oder Jacht? Lieber einen hageren, hochnäsigen Butler mit dünnem Schnurrbart oder einen kleinen dicken mit Herz?

Ich stelle mir vor, mich nachträglich bei Leuten zu bedanken, die mich in weniger glücklichen Momenten mit Kleinigkeiten aufgeheitert haben. Ich denke da an Dinge wie eine Million Trinkgeld für die Bedienung im Café, die mich immer »Kleiner« nennt, oder eine schicke Villa für den Typen im Supermarkt, der mir den Aufschnitt immer extra dünn schneidet. Ich überlege, mein Geld in einem Tresorraum zu lagern und wie Dagobert Duck darin zu baden. Ich könnte um die Welt reisen oder einfach das Internet kaufen.

Es macht Spaß, vom großen Geld zu träumen, und je verrückter die Träume, desto besser. Also lasse ich meinen Gedanken freien Lauf, fühle nach dem Lottoschein in meiner Tasche und hänge ihn zu Hause an den Kühlschrank, damit ich den großen Tag nicht vergesse.

Ich träume fröhlich weiter vom großen Gewinn, bis die Zahlen verkündet werden – und dann ist der Katzenjammer groß. Nicht mal eine richtige! Wie konnte ich nur zehn Dollar einfach so zum Fenster hinauswerfen?

Deshalb genieße ich es, wenn ich nicht gespielt habe und meine Zahlen nicht gezogen werden.

Ich grinse übers ganze Gesicht und freue mich über das gesparte Geld.

FANTASTISCH!

Der Duft von gebratenen Zwiebeln

Zwiebeln blicken auf eine lange und glorreiche Geschichte zurück. Hör dir zum Beispiel das an:

- **Die alten Ägypter** verehrten die Zwiebel. Sie sahen in ihrer kugeligen Form und den konzentrischen Ringen ein Symbol für ewiges Leben. Deshalb benutzten sie Zwiebeln auch als Grabbeigaben in der Hoffnung, der starke Geruch würde die Toten wieder zum Leben erwecken.

- **Athleten im alten Griechenland** glaubten, dass Zwiebeln das Blut leichter machen – und das war lange vor kohlenhydratfreien Diäten.

- **Gladiatoren im alten Rom** wurden mit Zwiebeln eingerieben, um ihre Muskeln zu stärken. Sie befreiten sich so leichter aus Schwitzkästen und Bärenumarmungen.

- **Im Mittelalter** waren Zwiebeln ein angesehenes Geschenk und mehr wert als eine neue Lanze. Die Leute bezahlten ihre Pacht mit Zwiebeln, und Ärzte verschrieben sie bei Darmproblemen, Husten und Kopfschmerzen. Stell dir im Apothekenregal zwischen Augentropfen und Tagescreme ein Päckchen Zwiebeln vor, dann weißt du, wie das damals war.

Heute schenken wir der Zwiebel wenig Beachtung – vielleicht zu wenig. Immerhin sind Zwiebeln billig, gesund und einfach zu lagern. Vor allem aber riechen sie lecker, wenn sie mit Butter und gehacktem Knoblauch in der Pfanne brutzeln.

Es ist ein fantastisches Gefühl, wenn du die Haustür aufmachst und dir dieser Duft entgegenschlägt, denn das heißt, es gibt was Leckeres zu essen. Fragt sich nur, was, denn ob Piroggen, Bratwürste, Eintopf oder Chinapfanne – überall sind Zwiebeln drin.

Egal, Hauptsache das Haus riecht gut, und dir läuft das Wasser im Mund zusammen.

Und steht das Essen dann auf dem Tisch, denk an die große Vergangenheit der Zwiebel und lass sie dir schmecken!

FANTASTISCH!

Im ersten Versuch in die Parklücke kommen

Hast du schon mal in einer einspurigen Straße mit parallel geparkten Autos an beiden Straßenrändern einen Parkplatz gesucht und hinter dir wartete eine lange Autoschlange? Schrecklich, nicht wahr?!

Manchmal fahre ich lieber an der besten Parklücke vorbei, als unter den neugierigen Blicken der Fußgänger und Autofahrer einen Parkversuch zu starten.

Probiere ich es doch, und es klappt nicht gleich, laufe ich rot an, und mein Magen verkrampft. Ich spüre die ungeduldigen Blicke der Autofahrer im Nacken. Kritisch prüfen sie jedes Manöver, denn schließlich hängt ihre Wartezeit von meinen Einparkkünsten ab. Für sie kann ich also nicht schnell genug einparken.

Grundsätzlich gibt es zwei Arten zu parken:

1. **Die Fahrschul-Methode.** Hier achtest du weder auf dein Auto noch auf die Dimensionen der Parklücke. Du fährst neben das Auto vor der Lücke, legst den Rückwärtsgang ein und kurbelst am Lenkrad, bis du im Winkel von 45 Grad zur Fahrbahnkante stehst, dann stößt du weiter zurück, indem du möglichst schnell in die andere Richtung kurbelst. Fertig! Der Theorie nach solltest du jetzt perfekt in der Parklücke stehen. Nur leider ist es mit dieser Methode wie mit dem Zusammenbauen von Regalen. Hältst du dich nur an die Anleitung, ohne zwischendurch deine Arbeit zu beurteilen, stehst du am Ende vor

einem schiefen, instabilen Gerüst aus zusammengenagelten Sperrholzplatten und fragst dich, was du falsch gemacht hast.

2. **Die Raum-Abschätz-Methode für Fortgeschrittene.** Hier gibt es keine bestimmte Regel. Du schätzt einfach die Abstände ein und kurbelst so lange am Lenkrad herum, bis du in der Parklücke stehst. Wer diese Methode draufhat, parkt in null Komma nichts. Bewundernswert!

Ich hab sie nicht drauf und halte mich an die Fahrschul-Methode. Und trotzdem geht es meistens schief. Entweder lande ich auf dem Gehweg oder einen halben Meter weit davon entfernt. Um den Fehler auszubügeln, kurble ich wie verrückt am Lenkrad, fahr mal vor und mal zurück, bis ich irgendwann aufgebe und beschämt davonbrause.

Umso schöner ist es für Parknieten wie mich, wenn es mal auf Anhieb klappt. Wenn du plötzlich wie eine Eins in der Parklücke stehst, dann grinst du stolz und steigst beschwingt aus deinem Auto. Und die anderen fahren an dir vorbei – froh, dass sie nicht lange warten mussten, und vielleicht ein bisschen ärgerlich, dass du ihnen den Platz weggeschnappt hast. Und wenn du richtig Glück hast, kommt ein alter Mann aus dem Friseurladen gegenüber, reicht dir die Hand und sagt: »Na, wenn das keine Maßarbeit war!«

FANTASTISCH!

Der ideale Chicken-Wing-Partner

Es gibt zwei Arten von Chicken Wings: den Babyschlegel und den Babyflügel.

Der Babyschlegel ist ein niedlicher, in Soße getauchter Minihähnchenschenkel, oder anders ausgedrückt: Könnten Brathähnchen »Wir haben Nachwuchs bekommen«-E-Mails verschicken, wären Babyschlegel auf dem Foto im Anhang.

Babyflügel hingegen musst du dir so vorstellen: Wenn Babyschlegel die dicken, fleischigen Bizepsflügel sind, dann sind Babyflügel die Unterarme. Auch sie haben zwei Knochen und dazwischen leckeres Fleisch. Fehlt ihnen auch der Sexappeal von Babyschenkeln – Babyflügel sind nicht zu verschmähen.

Manche mögen lieber Babyschlegel, andere Babyflügel. Genauso wie die einen die Soße lieber mild mögen und andere lieber mittelscharf und wieder andere feurig scharf.

Nur gut! Denn genau deshalb gibt es den perfekten Chicken-Wing-Partner. Er mag zwar dieselbe Soße, nicht aber dieselben Chicken Wings. Magst du die Soße mittelscharf? Perfekt, er auch. Du bist ein Fan von Babyschlegeln? Gut, denn er hat es auf die Miniflügel abgesehen.

Und mampft ihr dann gemeinsam die ersten klebrigen Happen, hebt genießerisch den Blick und schaut euch tief in die Augen, dann seid ihr euch gewiss: Ihr habt den perfekten Chicken-Wing-Partner fürs Leben gefunden.

FANTASTISCH!

Die Papphalter am Alufolienpack

Kennst du das: Du willst ein kleines Stück Alufolie aus der Packung ziehen und reißt stattdessen gleich die ganze Rolle heraus?

Keine Sorge, da bist du nicht allein.

Ich bin generell ein Tollpatsch in der Küche. Meine Herdplatten sind übersät mit eingebrannten Soßenflecken, in der Spüle liegen noch die bunten Reste vom Abendessen, und mein Küchenschrank mit alter Tupperware gleicht einer Plastikfabrik nach einem Bombeneinschlag.

Meine Begabung, auf einen Schlag meterweise Alufolie von der Rolle zu ziehen, ist nur eines der Übel. Ich brauche nur ein bisschen zu ziehen – und schon schießt die ganze Rolle aus der Packung, fällt auf den Boden und wickelt sich mit einem knisternden metallenen Kichern ab, bis ein Küchenschrank sie stoppt.

Das ist wirklich zum Heulen! Würde man einen Film an dieser Stelle anhalten, steht da ein Mann mit müdem Gesicht und Bettfrisur, der in der einen Hand das Ende eines Alufolienstreifens hält und in der anderen die leere Packung. Es folgt ein langsamer Kameraschwenk nach unten, wo die silbrig glänzende Aluschlange zerknittert auf dem Küchenboden liegt.

Nur ein Anblick ist schlimmer: die wieder aufgewickelte, zerknitterte Folie, die ich notdürftig in die Packung zurückgestopft habe.

Wir alle haben das schon durchgemacht. Doch wisst ihr was?

Die schlauen Hersteller von Alufolienpackungen haben an Tollpatsche wie uns gedacht. Mir selbst fiel es wie Schuppen von den Augen, als ich die kleinen perforierten Dreiecke an den Seiten der Alufolienpackung entdeckte. Du brauchst die Pappe nur einzudrücken – und sie hält die Rolle an Ort und Stelle, wenn du an der Folie ziehst. Eine wirklich verblüffende Entdeckung! Das ist, wie einen Zehndollar-Schein im Schneeanzug oder eine Geheimtasche in der Sportjacke zu finden. Die seitlichen Papphalter am Alufolienpack! Du wirst sie lieben, wenn du sie entdeckst.

Ein Hoch auf dieses moderne kleine Wunder in unserem Küchenschrank.

FANTASTISCH!

Der Duft von frisch geschnittenem Gras

Frisch geschnittenes Gras! Das ist wie die Dämmerung auf dem Land, ein Fußballspiel im Park oder ein sonniger Samstagmorgen in der Vorstadt. Egal, ob du bei Sonnenuntergang auf einer staubigen Landstraße fährst, dich vor dem Anpfiff noch mal streckst oder den Rasenmäher nach getaner Arbeit in den Schuppen zurückstellst – halte einen Moment inne, lehn deinen Kopf zurück und genieße diesen wunderbaren Duft.

FANTASTISCH!

Dein altes Wohlfühl-T-Shirt

Der Kragen ist ausgeleiert, die Farbe verblasst und auf dem Rücken hat es Mottenlöcher – ganz egal! Denn kein anderes T-Shirt fühlst du so gern auf der Haut wie dieses. Also schlüpf rein und trag es mit Stolz.

FANTASTISCH!

Eine lange Umarmung, wenn du sie wirklich brauchst

Wir alle haben mal ein Tief. Wenn uns eine schlechte Nachricht überrascht, schmerzhafte Erinnerungen in uns hochkommen oder uns ein schlimmes Erlebnis zu schaffen macht. Dann tut es gut, wenn dich jemand in die Arme schließt.

Herzzerreißende Schluchzer schütteln dich, dicke Tränen rollen über deine Wangen, und deine Nase tropft. Doch die Umarmung tut gut, sie tröstet dich und macht dir den Moment ein bisschen leichter.

Vielleicht flüstert dein tröstender Engel: »Alles wird wieder gut«, und streichelt dir sanft den Rücken, oder er schenkt dir einfach eine stille Umarmung und die Gewissheit, dass er nicht loslässt, bevor du loslässt. Wenn dir der Schmerz den Boden unter den Füßen wegreißt, gibt dir eine Umarmung Halt.

Vergiss deshalb nie ein »Tut mir leid und Dankeschön«-Lächeln, wenn du die Umarmung löst und dir die nassen Strähnen aus dem Gesicht wischst. Vielleicht fühlst du dich nicht gut, bestimmt aber ein bisschen besser. Denn so eine Umarmung ist …

FANTASTISCH!

Die Füße im Wasser baumeln lassen

Wir behandeln unsere Füße schlecht:

Wir treten auf ihnen herum, stecken sie in enge Schuhe und lassen sie in heißen Socken schwitzen.

Findest du nicht, sie haben ein bisschen mehr Liebe und Respekt verdient? Gönn ihnen eine wohlverdiente Pause! Raus aus den Stiefeln, hoch mit den Jeans und rein ins kühle Nass.

Egal, ob du sie vom Steg, aus dem Boot oder vom Brunnenrand ins Wasser baumeln lässt – so ein Fußbad entspannt die Sohlen und beruhigt die Seele.

FANTASTISCH!

Salz

Es gibt dich nur, weil es Salz gibt.

Die Konservierung von Lebensmitteln mit Salz war ein enormer Beitrag zur Zivilisation. Die Menschen konnten ihr Essen jetzt unverdorben mit auf Reisen nehmen, also machten sie sich mit ihren Vorräten auf und schauten, was es auf der anderen Seite der Berge gab. Salz entschied, wo Straßen und Städte gebaut und Reiche gegründet wurden.

Im Römischen Reich stapften Karawanen mit Tausenden von Kamelen 400 Meilen weit durch die Sahara, um auf den Märkten Salz gegen Sklaven zu tauschen. Beamte und Soldaten bekamen ihren Lohn teilweise in Form von Salz ausgezahlt. Wegen Salz wurden Kriege begonnen, und mit Salz wurden sie beendet, indem die Verlierer ihr Land versalzten, bevor sie es dem Feind überließen.

Salz wurde als Zahlungsmittel benutzt, und sogar das englische Wort *salary* kommt vom Lateinischen *salarium*, dem Geld, das Soldaten bekamen, um sich Salz zu kaufen.

Heute ist Salz billig, im Supermarkt steht es auf den hintersten verstaubten Regalen, und Fitnessmagazine predigen seine schlechten Auswirkungen auf die Gesundheit. Wir vergessen dabei völlig, wie wertvoll Salz für uns ist:

1. **Salz ist dein Jod-Lieferant.** Ärzte empfehlen eine Tagesdosis Jod von 150 Mikrogramm, um fit und fröhlich zu bleiben. Und bist du nicht gerade ein Fan von Seetang und frischem

Fisch, holst du dir die am besten mit jodiertem Salz. Laut WHO litten 2007 mehr als zwei Milliarden Menschen an Jodmangel, was zu Kröpfen am Hals und körperlicher und geistiger Unterentwicklung führen kann. Nicht gerade fantastisch!

2. **Es entfaltet das Aroma.** Hast du schon mal Salz in eine fade Gemüsepfanne gegeben? Salz kitzelt das Aroma aus jeder Zutat. Und weil es konserviert, kannst du dein Essen auch länger genießen.

3. **Gut gegen Eis.** Wer Schnee kennt, kennt auch Eis – und weiß es zu fürchten, denn es verwandelt Gehwege und Straßen in mörderische Rutschbahnen. Wäre da nicht unser Retter in der Not: Ein bisschen Salz – und die gefährlichste Eisplatte weicht.

4. **Es ist billig.** Heute kostet Salz kein Vermögen mehr. Mit einer Handvoll Münzen beschaffst du dir deinen Jahresvorrat.

5. **Die Liste ist endlos.** Salz hat noch hundert andere Verwendungszwecke: Du gurgelst damit bei Halsschmerzen, Unternehmen nutzen es als Färbemittel, halten damit Dinge trocken und stellen Seifen und Shampoos her. Auch einen saugenden Blutegel schaffst du dir mit einer Brise Salz vom Hals.

Das Leben wäre fad ohne Salz. Also lasst es uns genießen und in Ehren halten wie einen kostbaren Edelstein.

FANTASTISCH!

Wenn du weißt, welche Tasten du drücken musst, um so wenig wie möglich in der Leitung zu hängen

Du hast schon so oft die Mailbox vom Büro oder die Servicenummer deiner Telefongesellschaft angerufen, dass du genau weißt, wie du am schnellsten dort rauskommst, wo du hin willst? Prima, dann drück jetzt die Eins, und du bist …

FANTASTISCH!

So sehr lachen, dass kein Laut rauskommt

Wenn du den Schnarcher neben dir stupst und er aufhört zu schnarchen

Manchmal reicht schon ein kleiner Ellenbogenstoß in die Rippen oder ein leichtes Bauchtätscheln. Besonders Mutige versuchen es mit einem Fußtritt in die Kniekehlen oder zischen dem Schnarcher ein unmissverständliches *Schscht* ins Ohr. Und hilft das alles nichts, wird es Zeit, ihn zu rollen. Keine Sorge: Wenn er aufwacht, dann nur für eine Sekunde – und morgen früh erinnert er sich an nichts mehr.

FANTASTISCH!

Das Klirren von Eiswürfeln in einem Drink

So klingt es, wenn dein Drink abkühlt.

Das ist der letzte einer Reihe verheißungsvoller Klänge, die deinem ersten Schluck vorangehen.

Erst hörst du das Glas auf der Granittheke landen, dann das *Knack-phshhhh* beim Öffnen der Sodadose, das *Gluck-gluck-gluck* beim Einschenken, das Knacken des Eiswürfelbehälters und schließlich das leise *Blob-blob*, mit dem das Eis in deinen Drink fällt.

Dieses erste, feine Klirren ist der Auftakt zum großen Auftritt, nämlich dem befriedigenden, lauten Geräusch von knackenden, berstenden Eiswürfeln. Und wenn sich dein Glas mit kühlem Kondenswasser beschlägt, lächle zufrieden und trink den ersten Schluck.

FANTASTISCH!

Wenn der Typ an der Grenze keine Fragen stellt

Grenzübergänge nerven: lange Autoschlangen, hohe Gebühren, Passkontrollen – und wehe, du gerätst an einen Grenzbeamten, der gern seine Macht ausspielt. Dann kannst du dich auf so manche Schikane gefasst machen, denn er darf in deinem Koffer wühlen, dich über deine Reiseroute ausfragen und sonstige Verhörfragen stellen.

Wenn es dir geht wie mir, wirst du nervös und hast Angst, dass dir die Antworten auf die leichtesten Fragen nicht einfallen, und es klingt, als würdest du lügen.

»Was ist der Grund für Ihre Reise?«

»Äh … wie bitte? Entschuldigung. Oh, hm, ich bin nur, sorry, ich fahre nur nach Chicago.«

»Folgen Sie mir, bitte.«

Jetzt weißt du, warum es so fantastisch ist, wenn du an der Grenze einfach nur durchgewinkt wirst. Wir lieben dich sehr, Grenzbeamter, wenn du die Hand zu diesem stummen »Fahr weiter«-Winken hebst.

FANTASTISCH!

Wenn du dein Gegrilltes an den Mann bringst

Kaum breitet sich dieser schwere, rauchige Grillgeruch über den Garten, läuft den Gästen das Wasser im Munde zusammen.

Rinderschnitzel und verkohlte Würstchen brutzeln über dem Feuer, während die Sonne langsam untergeht und das Stimmungsbarometer steigt. Deine Freunde sitzen entspannt auf der Terrasse und nippen an ihren eisgekühlten Drinks.

Bist du der Gastgeber, dann pass jetzt auf: Um als Grillmeister wirklich Eindruck zu machen, musst du deine heiße Ware an den Mann bringen. Neben anderen Dingen natürlich, die du als Grillprofi beachten solltest:

- Du besitzt zum Beispiel ein blitzblankes neunteiliges Grillbesteck-Set und breitest es demonstrativ auf dem Gartentisch aus.

- Du lässt den Grill nie aus den Augen, gibst die Grillzange niemals aus der Hand und wendest die Burger selbst und im richtigen Moment.

- Du trägst eine riesige Schürze mit deinem Namen drauf.

- Und du stellst den Leuten ständig Fragen wie »Sagtest du medium oder durchgebraten?« und »Für dich getoastet, für dich auch und für dich ungetoastet, richtig?«.

Versteh mich nicht falsch: Das alles zeigt, dass du den Job ernst nimmst. Aber wirklich gut machst du deine Arbeit erst, wenn du das Gegrillte auf die Teller und in die Mägen bringst. Wenn du bei den folgenden Sprüchen schon mal so richtig in die Vollen gegriffen hast, weißt du, was ich meine:

- »Eine Wurst ist fertig, ich hab hier eine knackige Wurst, wer will eine Wurst frisch vom Grill?«

- »Andrew, du wirst doch jetzt keinen Salat essen?! Komm schon, wie viele Schnitzel nimmst du mir noch ab? Zwei ja wohl mindestens, oder?«

- Du trägst mit deinem Grillwender einen kalten Cheeseburger auf der Terrasse hin und her und hältst ihn deinen Gästen mit fragendem Blick unter die Nase.

- »Okay, das nächste Steak ist ein bisschen verbrannt. Wer mag es gut durch und knusprig? Ein knuspriger Leckerbissen zu vergeben! Schöööön knusprig.«

Wenn du deine Ware wirklich an den Mann bekommst, dann sag ich nur: Hut ab! Denn auf jeder Grillfeier muss einer den Leuten sagen, sie sollen mehr Schnitzel essen. Danke also, dass du dich um den Job gekümmert hast. Du hast es uns schmackhaft gemacht, und wir haben angebissen und fühlen uns jetzt pappsatt, proppevoll und einfach absolut …

FANTASTISCH!

Jemanden aus dem Auto sperren und so tun, als würde man wegfahren

Dieser Streich hat viele Levels.

Version Nummer 1.0 umfasst ein voll besetztes Auto, eine Pinkelpause an einer Tankstelle, die verschlossene Autotür und ein langsames Davonrollen des Autos, während das Opfer – unbeachtet von den restlichen Insassen – verzweifelt gegen das Fenster hämmert. Als Opfer solltest du in diesem Fall genauso reagieren, wie es die im Auto von dir erwarten. Denn denk dran, sie tun nur so, als würden sie wegfahren. Das ist eine harmlose Version des Streichs, die auf einer langen Fahrt für ein bisschen Unterhaltung sorgt und keineswegs böse gemeint ist. Version Nummer 1.0 ist die am häufigsten praktizierte und wohl auch empfehlenswerteste.

Das Niveau der nächsten Version liegt zwischen Version 1.0 und Version 2.0. Wir nennen sie deshalb **Version 1.5**, auch bekannt als die große Verarschung. Sie funktioniert nur dann, wenn das Opfer beim Aussteigen die Autotür offen stehen lässt. Der Fahrer wartet, bis das Opfer zum Auto zurückkommt, und fährt dann langsam los – mit weit geöffneter Tür und immer einen Schritt schneller als das Opfer. Das lässt sich im Prinzip mit allen Autos machen, besonders gut eignen sich aber Kleinbusse mit Schiebetüren. Die große Türöffnung fordert das Opfer noch mehr dazu auf, mit einem schnellen Sprint den Sprung ins Auto zu wagen. Schwer zu sagen, wie die Sache ausgeht. Also pass lieber auf.

Version 2.0 umfasst ein voll besetztes Auto, eine Pinkelpause an einer Tankstelle, die verschlossene Autotür und ein eiskaltes Davonbrausen, eine Extrarunde außer Sichtweite und nach ein, zwei Minuten die Rückkehr. Diese Version dreht die Spannungsschraube deutlich höher und sorgt bei den meisten Opfern für Fracksausen. Schimpfwörter fallen deshalb garantiert, wenn das Auto zurückkommt – in der Regel aber nicht allzu schlimme. Version 2.0 ist nicht zu empfehlen für Kinder unter dreizehn.

Schließlich gibt es noch **Version 3.0**, den gemeinsten aller Wegfahrstreiche. Dieser absolute Renner umfasst ein voll besetztes Auto, eine Pinkelpause an einer Tankstelle, die verschlossene Autotür und ein Davonbrausen in den Sonnenuntergang ohne geplante Rückkehr. Das Opfer steht Eis leckend an der Bordsteinkante und läuft gelassen auf und ab in der sicheren Erwartung, dass das Auto im nächsten Moment um die Ecke biegt. Fehlanzeige! Das Auto kommt eben nicht zurück. Spielt man diesen Streich außerhalb der Gehdistanz zur Wohnung des Opfers, ist Version 3.0 wirklich fies. Sie hat ein großes Potenzial, Freundschaften auf immer zu zerstören, und ist glücklicherweise höchst selten.

FANTASTISCH!

Im Zelt dem Regen lauschen

Kennst du diese großen Kesselpauken aus dem Symphonieorchester? Du weißt schon, die Riesentrommel mit den wattierten Trommelstöcken und dem kahlköpfigen Typen im Frack dahinter. Wenn der Regen auf dein Zelt prasselt, ist das, als würdest du in einer Kesselpauke sitzen.

Und weißt du, was das Beste daran ist, im Zelt den Regen zu hören? Die Tatsache, im Zelt zu sitzen und nicht mit pitschnassem T-Shirt im Schlamm zu knien und Heringe in den aufgeweichten Boden zu drücken. Im Regen ein Zelt aufzubauen wäre im Buch *1000 alltägliche Dinge, die uns nerven* sicher gut aufgehoben, zusammen mit: »In ein Spinnennetz laufen«, »Wenn du dein Deo benutzen willst und es ist leer«, »Wenn jemand mit der Pointe rausplatzt, bevor du deinen Witz zu Ende erzählt hast« und »Den Regenschirm im Restaurant stehen lassen«.

Wenn du den Regen auf dein Zelt prasseln hörst, fühlst du dich sicher und geborgen. Du bist den Elementen so nah und trotzdem vor ihnen sicher. Für Lagerfeuer und Stockbrot ist morgen Zeit. Jetzt streckst du dich, die Hände hinter dem Kopf gefaltet, auf deiner wackeligen Luftmatratze aus und lauschst dem Regen.

FANTASTISCH!

Wenn du die Haltestelle erreichst und der Bus um die Ecke kommt

An wackeligen Stangen flattern notdürftig befestigte Plastikplanen im Wind, der Eisregen greift dich von allen Seiten an, und du stehst bibbernd an der einsamen, unbeleuchteten Haltestelle.

Mit dünnen Handschuhen und einem dicken, nassen Schal um den Hals wartest du ungeduldig auf den Bus, während der mit Büchern vollgestopfte Rucksack auf deinem Rücken immer schwerer wird. Deine Finger sind zu Eiszapfen gefroren, deine Knie zittern, und du reibst die Hände, umarmst dich selbst, trittst auf der Stelle und schaust die Straße entlang und betest, dass der Bus endlich um die Ecke biegt und dich erlöst.

Wir alle kennen das und hassen es.

Deshalb sind wir absolut happy, wenn wir zur Haltestelle kommen und just in diesem Moment der Bus um die Ecke biegt.

Deine Pupillen vergrößern sich, du hebst die Brauen, und ein breites Clowngrinsen breitet sich über dein Gesicht. Denn du hast soeben den Jackpot des öffentlichen Nahverkehrs gewonnen.

Du bist ein Bus-Bonze, schwimmst in Tickets und Abos und befiehlst über eine Privatarmee von Linienbussen, die dich nach Belieben durch die Stadt karren und abholen und absetzen, wo und wann du willst.

Du fühlst dich wie der Boss? Dann verhalt dich auch so: Steck die kleinen Finger zwischen die Lippen, und pfeif, bevor er hält.

Oder heb den Arm und schnipp mit den Fingern, als würdest du ein Taxi rufen.

Und so wird dieser Augenblick perfekt: Der Bus hält direkt vor dir, die Tür springt auf, und ein mondgesichtiger Fahrer strahlt dir entgegen, tippt an seine Mütze und begrüßt dich freundlich.

FANTASTISCH!

Die letzten Krümel im Eck der Chipstüte

Eine neue Tüte Kartoffelchips reißt du mit einem lauten PENG auf und fischst zuerst die obersten Prachtexemplare heraus. Das ist allgemeiner Standard. Dann mampfst du dich zu den halb zerbrochenen Chips in der Mitte durch und bist ein paar Minuten später am Tütenboden angelangt. Was, du bist schon satt? Ach was, das Schönste kommt doch noch: der letzte Krümelhaufen in der Tütenecke.

Deine Lippen und Finger überzieht schon jetzt eine orangefarbene Schicht aus salzigem Paprikagewürz, Fett und Spucke.

Aber warte erst, wie du aussiehst, wenn du die letzten Chipskrümel aus dem Eck der Tüte holst:

- In den Tiefen der Tüte siehst du deine Finger nicht. Neige die Tüte deshalb zur Seite und ertaste zuerst, welchen Umfang der Chipskrümelhaufen hat.

- Jetzt heißt es auf Nummer sicher gehen: Sind deine Finger auch schon feucht – ein bisschen Lecken kann nicht schaden. Also komm, nicht so scheu! Mach's einfach wie die Kätzchen. Denn je feuchter deine Pfoten sind, desto leichter holst du die würzig fette Beute von da unten raus.

- Zur Attacke! Tauch mit Daumen und Zeigefinger ein. Und wenn du die Krümel zwischen den Fingern fühlst, packst du zu, holst sie raus und wirfst sie dir direkt auf die Zunge. Und während eines langen Mmmmh leckst du die hartnäckigen Reste von den Fingern.

Das war die Technik für eingefleischte Chipsesser. Zu gefährlich fürs Büro, sagst du? Kein Problem. Auch wer Angst um seinen Anzug hat, braucht auf Chipskrümel nicht zu verzichten. Für sie gibt es das Tüten-Kipp-Manöver. Dabei kippst du dir die Chipskrümel direkt aus der Tüte in den weit aufgesperrten Mund.

Die letzten Krümel der Kartoffelchipstüte! Das sind Geschmacksverstärker und Salz im Hochkonzentrat, das heißt Geschmack pur und ein krönender Abschluss – anders als der verwässerte letzte Schluck einer eisgekühlten Cola, der speckige Boden eines Muffins oder die Zahnkiller in der letzten Handvoll Popcorn.

FANTASTISCH!

Einen guten Wurf gebührend feiern

Sehen wir's realistisch: Die meisten Leute sind die reinsten Nieten, wenn es darum geht, mit einer Kugel, so groß und schwer wie ein Babykopf, zwanzig Meter entfernte Kegel zu treffen, ohne dass sie vorher von der Bahn abkommt und in die seitlichen Rillen fällt. Deine abgelatschten Turnschuhe sind rutschig, und für den Wurf musst du vor auf die Bühne und hast hundert Augenpaare im Genick, die kritisch jede Bewegung mitverfolgen.

Wer ist da nicht nervös?

Umso sensationeller ist es, wenn du mit einem Präzisionswurf den letzten stehen gebliebenen Kegel niedermähst oder mit einem Streich gleich alle zehn Pins auf einmal abräumst. So was muss gefeiert werden – und zwar am besten so:

1. **Der Bühnentanz.** Du stehst auf der Bühne – warum also keine Show abziehen? Wie wär's zum Beispiel mit einer Hulk-Hogan-Pose, einem Hula-Hoop-Tanz oder einem kraftvollen Faustschlag in die Luft? Wenn das nichts ist, gehst du einfach im Moonwalk-Schritt zurück an deinen Platz. Die Schuhe sind dabei bestimmt behilflich.

2. **Der Star.** Umringt von einem Heer unsichtbarer Paparazzi zwinkerst du mit einem breiten Fotolächeln und posierst auf dem Rückweg zu deinem roten Plastiksitz vor den unsichtbaren Kameras.

3. **Der Abklatsch-Champion.** Wenn dir mehr als zehn Leute die Hand zum Abklatschen entgegenstrecken und du niemanden auslassen willst, solltest du dich lieber konzentrieren. Aber keine Sorge: Mit leicht zugekniffenen Augen, zusammengezogenen Augenbrauen und der Zungenspitze an der Oberlippe erwischst du jede Hand, die sich dir entgegenstreckt.

4. **Der ultimative Luftsprung.** Sehr beliebt bei den Fans. Denk aber an deine rutschigen Schuhe.

5. **Der freundliche Fremde.** Kann sein, ein netter Fremder hat deinen Wurf zufällig gesehen, verlässt spontan seine Bowlingbahn und gratuliert dir begeistert zu deinem Triumph. Das ist vielleicht ein bisschen seltsam, aber es gibt deinem Wurf eine Extraportion Anerkennung.

Egal, was für ein Typ du bist – die Hauptsache beim Bowling ist das Feiern. Falsch machen kannst du nichts, also lass deiner Freude freien Lauf!

FANTASTISCH!

Mit einem Schlüssel oder einem Stift die Klebestreifen einer Schachtel aufschlitzen

Keine Angst, wenn du ein Taschenmesser oder eine Schere findest – MacGyver ist im Haus.

FANTASTISCH!

Im Flugzeug einen attraktiven Sitznachbarn haben

Vielleicht ist dir das nicht unbekannt: Der Bauch wird dicker, der Kopf kahler und der Rücken runder. Bist du hingegen noch jung, mach dir keine Sorgen: Mit den Jahren wirst du älter und hässlicher, aber deshalb nicht weniger stolz.

Nimm dir ein Beispiel an uns.

Wir werden alle einmal alt. Also lasst uns einfach das Alter lieben, das wir haben, anstatt dem Alter nachzutrauern, das wir nicht mehr haben. Sag das auch deiner Mutter, falls sie es vergessen hat.

Und sind wir die Himmelsleiter auch schon weit hinaufgeklettert, vorbei an Golf und Enkelkindern, dann ist trotzdem nichts dabei, für den nächsten Flug nach Florida auf einen attraktiven Sitznachbarn zu hoffen.

Da schielt Opa gern zur Seite, und auch Oma riskiert mal einen Blick.

Was sagst du? Wir Alten sind zu weise, zu reif und zu kultiviert, um uns die Gesellschaft einer sympathischen Augenweide mit einem bezaubernden Lächeln zu wünschen, die uns auf einem Flug hoch über den Wolken die Zeit vertreibt?

Kümmere dich um deinen eigenen Kram, Trottel!

FANTASTISCH!

Wenn der Rest Zahnpasta noch für ein letztes Mal putzen reicht

Es ist Montagfrüh, und du hast den Wecker nicht gestellt. Nichts mit noch mal umdrehen und fünf Minuten weiterdösen, du kommst schon jetzt zu spät zur Arbeit. Du springst aus dem Bett und ab ins Bad: kurz aufs Klo, unter die Dusche und rein in die Klamotten – jetzt nur noch Zähneputzen und dann raus aus dem Haus.

Doch oh Schreck!

Da liegt die Zahnpastatube – dünn, ausgequetscht, ein Schatten ihrer selbst. Du schaust belämmert drein und denkst an üppigere Zeiten zurück, als die Zahnpasta in scheinbar unendlichem Überfluss aus der prallen neuen Tube schoss. Seitdem gab es ein paar unvergessliche Momente:

- Als du nicht zugeschraubt hattest und am nächsten Tag mit aller Kraft durch ein nadelstichgroßes Loch in einer Wand aus getrockneter Zahnpasta hindurchpressen musstest.

- Als du die Tube zum ersten Mal aufgewickelt und die einst lange, dicke Zahnpasta auf einen Bruchteil ihrer selbst reduziert hast. Schon damals ergriff dich eine erste dunkle Vorahnung. Aber die Zahnpasta floss weiter, und du dachtest, es sei halb so schlimm.

- Als sie nicht mehr floss, hast du die Tube aufgefaltet, sie fest an der Badschrankkante entlanggestreift und die grün-weiße Paste bis zur Tür gespritzt.

Lächelnd hängst du deinen Gedanken nach, bis dich dein Gehirn plötzlich wieder in die Gegenwart zurückholt: Du musst zur Arbeit!

Erst starrst du auf die Tube, dann auf die Uhr und entscheidest dich schließlich für einen letzten Versuch.

Du packst die Tube und drückst mit zusammengepressten Zähnen so fest du kannst auf den Tubenkopf. Du drückst und drückst, bis es in deinen Daumen hämmert, dein Gesicht rot anläuft und du schon fast die Hoffnung verlierst.

Doch siehe da: Der allerletzte, winzig kleine Tupfen Zahnpasta streckt seinen Kopf zum Tubenhals heraus. Streich ihn auf die Zahnbürste, schrubb ihn über die Beißer, spül aus und geh mit minzfrischem Atem in den Tag!

FANTASTISCH!

Wattestäbchen benutzen, wie man sie nicht benutzen sollte

Steck den kleinen Wattebausch tief ins Ohr und drehe und rubble nach Vergnügen. Stoß in verbotene Kanäle und gib dir die ultimative Innenohrmassage.

Und je mehr dunkles, ekliges Ohrenschmalz hinterher am Wattestäbchen hängt, desto befriedigender ist es, gib es zu! Zur Massage gesellt sich das faszinierte Staunen: »Wow, das hab ich gerade aus mir rausgeholt!« Das sind zwei Pluspunkte in einem. Nicht schlecht, oder?

Ich weiß, was du jetzt denkst. Wie kann man bloß zu so etwas raten? Mit einem harten, dünnen Gegenstand dem empfindlichen Trommelfell auf den Leib rücken? Viel zu gefährlich! Das steht sogar auf der Packung: »Das Einführen des Wattestäbchens in den Ohrenkanal kann zu Verletzungen führen«.

Okay, wir sollten das nicht tun. Es ist riskant und gegen den gesunden Menschenverstand. Aber was soll's! Denn es fühlt sich einfach super an!

FANTASTISCH!

Das Waffelstück, das am meisten Butter und Sirup abbekommen hat

Du weißt, welches ich meine.

Es ist randvoll mit schmelzend weicher Butter und mit dickflüssigem Sirup getränkt.

Das hebt man sich am besten bis zuletzt auf.

FANTASTISCH!

Regennasses Haar

Kennst du das? Du kommst in den Regen, und deine perfekt gestylte Frisur verwandelt sich in ein feuchtes, zerzaustes Vogelnest? Das ist prima! Und ich sag dir auch, warum:

Überleg mal, wie viel Zeit, Geld und Mühe du Tag für Tag in deine Mähne steckst. Das soll kein Vorwurf sein, ich gebe mir schließlich auch jeden Morgen das volle Programm: waschen – natürlich mit Pflegespülung –, fönen und stylen. Und damit nicht genug: Ich kontrolliere ständig, ob mein Haar noch sitzt: irgendwelche eigenwilligen Locken oder schlaffe Fransen? Was machen die Geheimratsecken? Hält sich der Nackenbart noch in Grenzen? Ich verschwende so viel Zeit für mein Haar – und trotzdem sieht es aus wie ein vor Wochen totgefahrenes Eichhörnchen.

Wenn man Artikel über das menschliche Haar liest, hat man manchmal den Eindruck, es handle sich dabei um so etwas Essenzielles wie die Sonne oder frisches Wasser. Aber man kann schließlich alles aufbauschen. Am Ende sind es doch nur Haare.

Vielleicht hatte die Armee ja recht, nach dem Ersten Weltkrieg den Bürstenschnitt anzuordnen, nachdem die Soldaten in den Schützengräben Läuse und Flöhe bekamen. Vielleicht sollten wir unsere Haarpflege tatsächlich überdenken. Wenn ich jemandem begegne, der sein Haar einfach so lässt, wie es ist, ungekämmt und voller Nester, dann beneide ich ihn um die Zeit, die er damit gewinnt. Natürlich fällt er auf. Aber was, wenn wir alle so wären? Die Gärten wären makellos, die Fitnessstudios voll, und den Büchereien würden die Bücher ausgehen. Wir müssten uns nur mit den struppigen und zotteligen Yetis abfinden, die dann umherlaufen würden.

Und genau deshalb mag ich regennasses Haar. Es befreit dich von allen Stylingzwängen. Wenn jeder mit nassem, zerzaustem Haar ins Kino oder ins Einkaufszentrum kommt, wenn uns allen verfilzte Strähnen in die Stirn hängen und das Haarspray in die Augen tropft, dann können wir endlich aufatmen. Denn wir sehen alle unmöglich aus, und niemand erwartet etwas anderes.

FANTASTISCH!

Männersofas

Männersofas erkennst du sofort: Sie stehen in der Nähe von Umkleidekabinen eines Damenbekleidungsgeschäfts und sind in der Regel von Männern besetzt, die unter einem Berg von Handtaschen und Einkaufstüten die Zeit totschlagen. Sie spielen mit ihrem Handy, halten heimlich ein Nickerchen oder starren geistesabwesend ins Leere.

Männersofas sind ein Segen für alle:

Dank ihnen finden Frauen ihre Begleiter direkt vor der Umkleidekabine wieder! Das ist viel praktischer, als ein Stockwerk tiefer in der Zeitschriftenabteilung des Buchladens oder in der Schlange bei McDonald's nach ihnen zu suchen. Es ist beruhigend, den Geldbeutel in Sicherheit und – falls nötig – eine zweite Meinung in Reichweite zu wissen.

Für Männer bedeuten die Sofas eine verdiente Verschnaufpause während eines anstrengenden Shopping-Tags und den Trost von Leidensgenossen, deren müder Blick von unzähligen Anproben und langem Anstehen an Kassen erzählt. Es ist ein müder, ruhiger Haufen, der da hinten im Laden sitzt.

Das Männersofa! Es hält die Männer bei Laune und in der Nähe ihrer Frauen.

FANTASTISCH!

Wenn du dich auf einer Party an den Namen von jemandem erinnerst, den du kurz zuvor kennengelernt hast

Ich habe eine große Schwäche.

Ich vergesse Namen in Sekundenschnelle.

Wenn ich jemanden kennenlerne, stelle ich mich mit einem höflichen Händeschütteln vor und stürze mich gleich darauf in die Unterhaltung, bis ich merke, dass ich den Namen des anderen bereits vergessen habe. Innerlich fluchend versuche ich krampfhaft, mich zu erinnern, aber so sehr ich auch die Windungen meines Hirns absuche, der Name ist wie ausradiert.

Ich lächle und nicke weiter, bin aber innerlich frustriert. Vor allem dann, wenn *der andere* meinen Namen behalten hat. »Und wo kommst du her, Neil?«, fragt er ganz unschuldig. Doch anstatt zu antworten, krame ich weiter in meinem löchrigen Gedächtnis und werde zunehmend hibbelig.

In solchen Momenten hoffe ich, anhand der folgenden Techniken den Namen zu erfahren:

1. **Die Nimm-Zwei-Methode.** Ein Freund kommt hinzu, und ich frage den Typ ohne Namen: »Oh, darf ich dir Chad vorstellen?« Wenn Chad darauf anspringt, brav seine Hand ausstreckt und sagt: »Freut mich. Und wie heißt du?«, dann spendiere ich ihm später ein Bier. Vermasselt er es, kipp ich ihm ein Glas Punsch ins Gesicht. Dann rafft er es vielleicht beim nächsten Mal.

2. **Die Buchstabiermethode.** Wenn ich den Namen zwar nicht mehr weiß, aber glaube, er war lang und kompliziert, lasse ich ihn mir buchstabieren. Sagt der andere P-a-r-d-e-e-p, hatte ich Glück, sagt sie P-a-m, wird es peinlich. Doch wie heißt es so schön: Wer wagt, gewinnt.

3. **Das Warten auf eine Anekdote.** Für diesen Klassiker brauchst du Glück und Geduld – aber es lohnt sich. Du wartest geduldig auf eine Anekdote aus dem Leben deiner Gesprächspartnerin, in der ihr Name fällt. Zum Beispiel: »Daraufhin sagte mein Exfreund: Catherine, entweder ich oder die Katze – und ich entschied mich für die Katze!« Jetzt weißt du: Du darfst sie Catherine nennen, aber keine Katzenwitze reißen.

Diese Methoden sehen zwar einfach aus, tatsächlich sind sie aber ziemlich heikel, und du weißt nie, wie sie ausgehen. Außerdem ist es viel befriedigender, wenn du den Namen behältst und ihn wie selbstverständlich ins Gespräch einfließen lässt, als ob ihr euch seit Jahren kennt.

Daraufhin schenkt dir der andere ein strahlendes Lächeln, mit dem er dir sagt: He, vielleicht wird das was mit uns beiden, vielleicht werden wir Freunde oder kommen miteinander ins Geschäft oder gehen sogar miteinander aus.

Und das nur, weil du den Namen behalten hast.

Guter Zug!

FANTASTISCH!

Einen Nachbarn mit Swimmingpool haben

Finde ich toll, lieber Nachbar, dass du dir so einen riesigen, teuren Swimmingpool zugelegt hast! Echt prima, wie du dich um alles kümmerst: das Installieren, die Beheizung, das Chloren und Säubern. Du hast doch sicher nichts dagegen, wenn ich auf ein paar Runden vorbeischaue, oder?

FANTASTISCH!

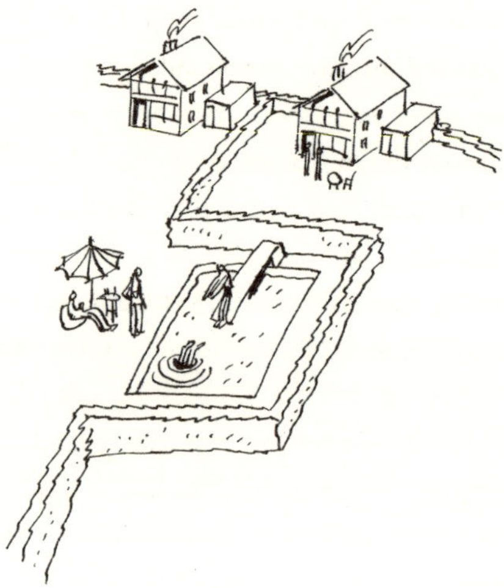

Wenn jemand aufblinkt, um dich vor den Bullen zu warnen

Müde und kaputt bist du spät in der Nacht unterwegs, flitzt über Nebenstraßen und kürzt über Schleichwege ab, um so schnell wie möglich nach Hause zu kommen. Du hältst die Augen nur halb offen und kannst es kaum erwarten, endlich ins Bett zu fallen.

Ab und zu tauchen aus der Gegenrichtung Scheinwerfer auf und jagen als verschwommene, helle Lichtkegel an dir vorbei – Schichtarbeiter, LKW-Fahrer und Diskogänger, die wie du auf der einsamen Straße unterwegs sind und möglichst schnell ans Ziel kommen wollen.

Plötzlich blendet grelles Licht deine Augen: Ein Autofahrer hat die Lichthupe betätigt. Mit einem Schlag bist du hellwach, sitzt aufrecht und gehst auf die Bremse. Alarmiert kontrollierst du jeden Spiegel und fragst dich, was vor sich geht – bis du im letzten Moment den Streifenwagen entdeckst, der in der Dunkelheit am Straßenrand steht und auf Beute lauert. »Danke«, flüsterst du erleichtert, während du unter dem Tempolimit vorbeifährst. »Danke, danke, tausend Dank!«

Das Schöne am Lichthupensignal ist, dass es sich um eine selbstlose Geste handelt. Schließlich fährt der Warnende in die entgegengesetzte Richtung und kann also nicht erwarten, für seinen Gefallen belohnt zu werden. Du kennst ihn nicht, und er kennt dich nicht.

Wenn dir jemand ein Zeichen mit der Lichthupe gibt, ist das

wie ein flüchtiges Lächeln auf einer Fahrt in der Dunkelheit, ein selbstloser Gefallen, der keine Gegenleistung erwartet. Es ist wie eine Art Nachtfahrer-Pakt gegen die Polizei zur Schonung des Geldbeutels.

Du fährst lächelnd weiter, und beim nächsten Auto, das dir entgegenkommt, weißt du, was du zu tun hast: Blink auf und mach die Nacht heller.

FANTASTISCH!

Die Kopfmassage beim Friseur

Du schließt die Augen, lehnst deinen Kopf zurück und entspannst unter dem warmen Wasserstrahl, der prickelnd über deine Kopfhaut rinnt. Dein Lächeln wird breiter, wenn der Friseur mit duftendem Shampoo sanft deine Kopfhaut massiert. Deine Züge entspannen sich, du lässt Geist und Seele baumeln und kommst ihm immer näher, dem absoluten Kopfhaut-Wohlbefinden.

FANTASTISCH!

Nach langem Suchen die Fernbedienung finden

Da ist sie ja endlich!

Sie lag die ganze Zeit zwischen den Sofakissen.

FANTASTISCH!

Adrenalin

Wusstest du, dass du zwei gelbe Nebennieren von der Größe einer Neun-Volt-Batterie faul auf deinen Nieren liegen hast? Als mir das jemand erzählt hat, hab ich es sofort überprüft – und es stimmt.

Man könnte die Nebennieren mit der königlichen Garde in London vergleichen, die mit ihren schwarzen Pelzmützen vor dem Buckingham-Palast regungslos Wache steht. Denn auch die Nebennieren machen nicht viel: Sie liegen die meiste Zeit einfach nur auf deinen braunen, glitschigen Nieren herum.

Passiert aber etwas Aufregendes, das deine Konzentration erfordert, zum Beispiel wenn du eine Hochzeitsrede hältst oder vor deinem Zelt einen Zweig knacken hörst oder wenn es mitten in der Nacht an deiner Haustür klingelt, dann erwachen sie aus ihrem süßen Schlummer, spritzen eine Extraportion Adrenalin in deinen Blutkreislauf und verwandeln dich in eine Art Ur-Krieger.

Bei diesem Mix aus Anspannung und Adrenalin passieren verrückte Dinge, die auch als Kampf-oder-Flucht-Reaktion bezeichnet werden:

- **Dein Herz schlägt schneller.** Dein Körper zieht aus »nicht kritischen« Körperteilen wie Gehirn, Immunsystem und Magen Blut ab und versorgt damit die Muskeln. Dein Brötchen kannst du schließlich verdauen, nachdem du den Bären getötet hast.

- **Deine Pupillen erweitern sich, und du bekommst den Tunnelblick.** Adrenalin schränkt dein peripheres Gesichtsfeld ein und erweitert deine Pupillen, sodass du dich auf das konzentrieren kannst, was gerade ansteht. Das heißt nicht, dass du durch Wände hindurchsiehst, aber wenn es eine Krähe auf deine Augen abgesehen hat, schlägst du sie vielleicht leichter in die Flucht.

- **Dein Körper ist zum Angriff bereit.** Nicht nur dein Puls wird schneller, dein Körper produziert auch Zucker und gibt dir Energie. Du bist weniger schmerzempfindlich. Das heißt, du kannst aus dem Wald rennen und dir an den Himbeersträuchern die Beine aufreißen, ohne langsamer zu werden.

Das Tolle an Adrenalin ist, dass du es nicht kontrollieren musst. Es ist automatisch zur Stelle, wenn du einen Antrieb brauchst. Tröstlich zu wissen, dass dein Körper dir hilft, wenn du es nötig hast, oder? Schlag mir ins Gesicht, und meine königliche Garde wirft die Pelzmütze ab, krempelt die Ärmel hoch und ist bereit zum Angriff.

Adrenalin! Es ist da, wenn du es brauchst. Das natürliche Powermittel hilft dir, deine Rede zu halten, die Abschlussprüfung zu bestehen – oder vor beidem davonzulaufen.

Nicht ohne Grund gibt es Adrenalinjunkies.

Denn Adrenalin benebelt vielleicht deinen Verstand und schickt deinen Darm in Standby, doch es berauscht und gibt dir einen unglaublichen Schub.

Also, denk dran: Wenn es drauf ankommt, ist auf deinen Kumpel Adrenalin Verlass. Er macht dich fit für jeden Kampf.

FANTASTISCH!

Einen Lkw-Fahrer zum Hupen bringen

Lkw-Fahrer haben die besten Hupen.

Diese Dinger verschaffen sich Gehör. Sie sind donnernd laut und wirken wie ein Schlag ins Gesicht. Sagt dir ein kleiner Dreitürer mit seinem piepsenden Tut-Tuut, dass die Ampel auf Grün geschaltet hat, hört sich das an wie eine Möwe, die anderen Möwen sagt: »He, da wirft ein Typ Brotkrumen ins Wasser.« Tut ein Lkw das Gleiche, ist es das satte Dröhnen eines Schleppdampfers, bevor er auf einen Leuchtturm prallt.

Manchmal wird die Zeit lang auf der Autobahn. Rod Stewart, Meat Loaf – du hast dein Mixtape rauf und runter gespielt und die Lieder mittlerweile satt, und auch für eine Unterhaltung gehen langsam die Themen aus. Für Kinder ohne Ablenkung ist so eine Fahrt die Hölle. Stunden werden zu Tagen, während sie angeschnallt und betäubt auf dem Rücksitz ausharren. Die einzige Ablenkung sind Schlaglöcher und vorbeifahrende Motorräder.

Was könnte diese Monotonie besser brechen als das dröhnende Hupen eines Lkws? Es wird gelacht, man hat Spaß und vergisst eine Zeit lang die Monotonie der Autobahn. Ein Lkw-Hupen ist eine Kontaktaufnahme auf Rädern, ein Autobahngruß, der für einen Moment verbindet.

Ein Hoch auf die Lkw-Fahrer! Sie blasen ihr dröhnendes Horn für uns und schenken uns einen Augenblick, den wir FANTASTISCH nennen!

Die Hand aus dem Autofenster halten

Es ist ein warmer, sonniger Tag, du sitzt bei offenem Fenster im Auto, und der Wind bläst dir durchs Haar. Was gibt es da Schöneres, als die Hand aus dem Fenster zu halten und sie im Fahrtwind surfen zu lassen?

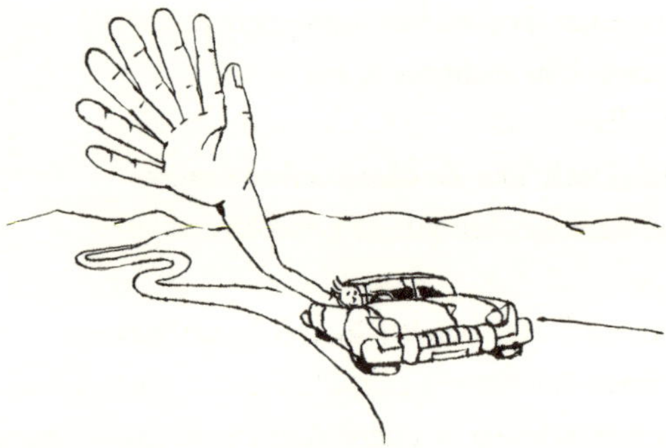

Je schneller das Auto fährt, desto stärker ist der Gegenwind. Und lässt du ihn durch deine Finger brausen und schließt die Augen, hast du beinahe das Gefühl, du fliegst.

FANTASTISCH!

Wenn es im Büro noch Kuchenreste gibt

Hast du schon mal einen Geburtstag im Büro gefeiert?

Da ist der Arbeitsplatz mit Papierschlangen dekoriert, eine Geburtstagskarte voller Unterschriften steht auf dem Schreibtisch, und am Nachmittag gibt es Kuchen. Alle sagen zwar, dass sie sich den Kuchen nicht leisten können. Aber hast du dich erst einmal daran gewöhnt, ihn zwei bis drei Mal pro Woche zu verspeisen, kommst du ohne den Zuckerschub um zwei Uhr nicht mehr aus.

Nach der Party landen die Kuchenreste in der Büroküche. Doch um sie abzustauben, musst du dich an die folgenden vier Regeln halten:

1. **Gabeln und Teller bereithalten.** Wie oft hast du schon einen Kuchenrest gefunden und hattest nichts, womit du ihn hättest essen können? Alle Zuckerguss-Pfoten hoch, die trotzdem genascht haben. Da wird kurzerhand ein Plastik-Kaffeestäbchen in ein Messer umfunktioniert und ein Blatt Druckerpapier in einen Teller und der Kuchen im Handumdrehen verdrückt. Kein feiner Zug – im Gegenteil: eher hart an der Grenze zum Büroschweinchen. Besser also, du hältst in deinem Schreibtisch immer ein Plastikbesteck bereit.

2. **Immer die Augen offen halten.** Wenn du morgens ins Büro kommst, drehst du am besten eine Runde und kontrollierst, ob ein Schreibtisch auf Geburtstag schließen lässt. Entdeckst du einen, darfst du auf einen Arbeitstag mit Kuchen hoffen.

3. **Such dir einen Verbündeten.** Vier Augen sehen mehr als zwei. Warum also die Chance auf einen süßen Gaumenschmaus nicht verdoppeln? Entdeckt dein Verbündeter Kuchen, informiert er dich. Und entdeckst du Kuchen, informierst du ihn. Du weißt, du hast einen guten Kuchenkumpel, wenn du aus einer Besprechung kommst und auf deinem Platz ein Stück Kuchen auf dich wartet, sorgsam abgedeckt mit einer Serviette. Das ist optimaler Service. Also denk beim nächsten Mal daran, dich mit einem extragroßen Stück zu bedanken.

4. **Die Spitzenzeiten kennen.** Geburtstagsfeiern finden im Büro meist nachmittags statt, damit das Geburtstagskind in der Mittagspause einen Kuchen besorgen kann. Sei also bereit, und pass auf, dass du keine dieser vorgetäuschten Besprechungen verpasst, die sich in Geburtstagspartys verwandeln. Dabei schadet es nicht, gegen 14:30 Uhr einen Blick in die Küche zu werfen – vorsichtshalber.

Jetzt weißt du, wie du dir Kuchenreste in der Büroküche unter den Nagel reißt. Aber was, wenn du zu der eigentlichen Party eingeladen wirst? Für diesen Fall gibt es eine entscheidende Regel: Wenn du an der Party teilnimmst, dann auf keinen Fall als Tischdecker, Kellner oder Vertreter. Solche Aufgaben halten dich nur vom Kuchenessen ab:

- **Der Tischdecker** wird oft in letzter Minute damit beauftragt, genügend Plastikgabeln, Pappteller und Tassen aufzutreiben. Nicht gerade spaßig, die Party zu verlassen, um Besteck zu erbetteln. Am besten kommst du ein bisschen später oder hältst dich im Hintergrund.

- **Als Kellner** kommst du dem Kuchen am nächsten – gerade nah genug, um jedem ein Stück davon abzuschneiden! Du fummelst dünne Plastikteller auseinander, verteilst Gabeln und schneidest Kuchen auf. Ein undankbarer Job. Du bist von einer Menschentraube umringt, die dir zuruft: »Nein, nein, halb so groß, bitte!« Oft geht alles ganz schnell, und du merkst gar nicht, dass du die Kellnerrolle an der Backe hast, bis du im Bad stehst und mit kaltem Wasser die Sahne vom Kuchenmesser spülst und es mit Papierhandtüchern abtrocknest.

- **Die Vertreter** sind dafür zuständig, die Kuchenstücke an den Mann zu bringen. Sie laufen durch den Raum, fragen laut »Wer hat noch keinen Kuchen?« und halten ihren Kollegen die Teller so lange unter die Nase, bis die sie ihnen abnehmen.

Jetzt weißt du Bescheid, also mach dich gefasst auf ein paar Kilos mehr auf den Rippen, denn an Kuchen mangelt es dir von jetzt an nicht.

FANTASTISCH!

Wenn dir das Frühstück ans Bett serviert wird

Es ist Muttertag, und deine Kinder wecken dich mit einem Tablett mit kalten Toastbroten, halbrohen Eiern und einem Glas lauwarmem Orangensaft. Vielleicht ist es nicht das beste Frühstück der Welt, und vielleicht landen Krümel auf deinem Bett, aber gib es zu: Es ist herrlich, das Frühstück ans Bett serviert zu bekommen.

Während du schliefst, ist jemand anders aufgestanden, in die Küche gegangen, hat dir mit Liebe ein Frühstück zubereitet und dich mit Kaffeeduft sanft geweckt. Du kannst dich wirklich glücklich schätzen, wenn dir das passiert.

Im Bett zu frühstücken verführt oft zu der perfekten Aufeinanderfolge von Aufsitzen, Aufessen und Abtauchen. Du gönnst dir einen Gaumenschmaus und lässt dich mit vollem Bauch für eine Siesta nach der Fiesta in die Kissen zurücksinken. Mal ehrlich, kann man einen Sonntagmorgen besser genießen? Und wer weiß, vielleicht erwachst du ja das nächste Mal vom Duft des Mittagessens.

Im Ernst: Hast du schon mal das Mittagessen ans Bett serviert bekommen? Dann hast du gute Chancen, den Wettbewerb des Besten Tages der Welt zu gewinnen.

Doch zurück zum Frühstück und zu den Dingen, die ein gutes Bettfrühstück zu einem fantastischen machen:

- eine handgemachte Karte mit Glückwünschen zum Geburtstag oder Muttertag

- eines dieser süßen Miniatur-Marmeladegläschen
- ein Frühstücksnachtisch jeglicher Art
- ein perfekt gemeißeltes, würfel- oder kugelförmiges Stück Butter
- gefaltete Servietten

Wir essen gern und wir schlafen gern. Und nichts kombiniert beides so gut wie ein Frühstück im Bett. Und weißt du, wie das ist? Genau!

FANTASTISCH!

Mit einem Bein über und einem Bein unter der Decke schlafen

Ein angenehm temperiertes Zuhause ist wichtig.

Egal, ob du den Kopf in den Kühlschrank oder die Hände in den Ofen streckst – tu es, wenn es dir zur richtigen Temperatur verhilft. Dreh am Thermostat, schlag auf die Heizung, oder schalt den Ventilator ein. Ist dir heiß, zieh die Trainingshose aus, ist dir kalt, schlüpf in deine Pantoffeln. Denn ist die Temperatur nicht richtig, bist du nicht glücklich.

Mitbewohner wollen es wärmer, Partner wollen es kühler, und du willst es einfach passend. Also ist Feinabstimmung angesagt: Du drehst an Wählscheiben und streifst so viele Kleiderschichten über, bis die Temperatur stimmt.

Und hast du die Optimaltemperatur schließlich erreicht, ist alles in Butter – bis sie kommt: die Schlafenszeit.

Bevor du das Licht ausknipsen und in süße Träume sinken kannst, musst du erst für die richtige Schlaftemperatur sorgen. Und das ist leichter gesagt als getan. Sind die Decken zu warm, wachst du auf, weil du schwitzt. Ist der Schlafanzug zu leicht, wachst du auf, weil du frierst.

Schläfst du allein, musst du an den Ventilator, die Heizkörper und deine eigene Körperwärme denken. Liegt ein Haustier oder Partner mit im Bett, ist die zusätzliche Beinwärme unter der Decke natürlich mit einzuberechnen.

Und hast du dich verrechnet und wachst nachts auf, weil dir zu heiß ist, streck einfach ein Bein aus dem Bett. Das hilft immer.

FANTASTISCH!

Wenn du nach einem langen Tag nach Hause kommst und dich der Duft eines leckeren Essens empfängt

Dir dröhnt der Kopf, die Hosen kleben an den Beinen, die engen Schuhe quälen deine Füße, die Krawatte kneift?

Du spürst den Puls in den Schläfen, hast einen fahlen Geschmack im Mund und dein Karpaltunnelsyndrom macht sich bemerkbar? Dann war es ein harter Tag im Büro. Vielleicht haben sich auf deinem Schreibtisch die Spesenabrechnungen gestapelt, du musstest dich durch einen Berg von Akten wühlen oder der Kopierer hat gestreikt, als alle Technikfreaks schon gegangen waren.

Du kämpfst dich durch den Tag, schleppst dich nach Hause und schlurfst matt die Stufen zur Haustür hinauf, während hinter dir die Sonne untergeht, die Autos hupend im Stau stehen und dein Magenknurren alles übertönt. An das Brötchen, das du vor sechs Stunden verdrückt hast, erinnerst du dich nur noch vage. Doch du bist zu erschöpft, um in der Küche auch nur einen Finger zu rühren, und lässt dir eine Pizza kommen.

Wie schön ist es da, wenn du die Tür aufmachst und dir aus der Küche der Duft eines brutzelnden Steaks entgegenschlägt. Trotz deiner Matschbirne kombinierst du sofort: »Abendessen … für mich! Essen … jetzt!«

Plötzlich kommt neues Leben in dich.

Deine Mundwinkel verziehen sich zu einem Lächeln, du

schnupperst mit bebenden Nasenflügeln, und deine Augen funkeln. Du hast wieder Energie, kickst deine Schuhe in die Ecke, streifst die verschwitzten Socken ab, und das Wasser läuft dir im Mund zusammen in der freudigen Erwartung eines leckeren, heißen Essens, das ein geliebter Mensch für dich gekocht hat.

FANTASTISCH!

Menschenmassen, die ein großes Feuerwerk bestaunen

Eine Symphonie von Böllern, Pfiffen und Raketen schallt durch die Nacht, und am schwarzen Himmel ergießt sich ein spektakulärer bunter Feuerregen. Am Boden die staunende Menge: grauhaarige Pärchen, die sich wohlig aneinanderkuscheln, schreiende Babys und händchenhaltende Teenager, alle schauen sie fasziniert und sprachlos zum Himmel. Wenn goldene Feuerfontänen die Nacht erhellen, bestaunen wir voller Ohhs und Ahhs dieses atemberaubende Spektakel.

FANTASTISCH!

Wenn dein Nieser erst stecken bleibt und sich dann doch noch Luft macht

Sehen wir den Tatsachen ins Gesicht: Unsere Kopfhaut und unser Gesicht sind nichts anderes als eine Art öliges Geschenkpapier über einer brodelnden Hirnfabrik. Überleg mal, was da oben alles abgeht.

Da sind zunächst die Schallwellen, die schneller durch deinen gewundenen schmalzigen Ohrenkanal schießen als Luke Skywalker durch die Gänge der Raumstation. Auch dein Geruchssinn ist ständig auf der Hut und schlägt sofort Alarm, wenn die Gasleitung im Keller undicht ist, in der Bäckerei frische Croissants aus dem Ofen kommen oder wenn du dich im Supermarkt dem Kaffeeregal näherst. Nicht zu vergessen das perfekte Zusammenspiel von Mund und Nase in der Kunst des Atmens.

Doch das ist nicht alles: Eine Menge Blut fließt durch deine Hirngefäße, schleimige Substanzen tropfen von den Hirnwindungen herab, unzählige Neuronen schießen wild umher und prallen an die Schädelwände wie Pingpongbälle.

So eine Hirnfabrik ist pausenlos im Einsatz, bei Tag und bei Nacht, Jahr ein, Jahr aus.

Kein Wunder, dass das Getriebe manchmal ins Stocken gerät. Eine Wimper im Auge blockiert dein Denken, Eis am Stiel unterkühlt deine grauen Zellen, und Nieser bleiben kurz vor dem Herausplatzen in deiner verstopften Birne stecken.

Und wie sich das anfühlt, weißt du genau.

Mit einer urkomischen, starren Grimasse und deiner Hand dicht vor Mund und Nase schaust du hilflos zur Decke und flehst im Stillen den Vorarbeiter deiner Hirnfabrik an, er möge doch bitte, bitte deinen Nieser rauslassen.

Ein Auge halb offen, das andere geschlossen, verziehst du mit angespannten Wangen den Mund zu einem stummen Schrei, während dir der Nieser unerträglich unter der Schädeldecke kribbelt.

Und dann – *HATSCHIII!* – ist er endlich draußen!

Auf einen Schlag ist dein Kopf wieder frei, das Kribbeln weg, und in der Hirnfabrik kommen die Fließbänder wieder ratternd in Gang.

FANTASTISCH!

Wortlose Entschuldigungen

Es herrscht dicke Luft, dunkle Wolken ziehen herauf. Vielleicht waren die Rechnungen zu hoch, deine Partnerin kam zu spät nach Hause oder hat vergessen anzurufen.

Jetzt sitzt du stinksauer vor der Glotze, während sie oben im Schlafzimmer weint. Ihr steckt in einer Sackgasse, bis sie herunterkommt, sich zögernd auf dich zubewegt und an deinem T-Shirt zupft.

Du schaust in ihre warmen, feuchten Augen, ihr entschuldigendes Lächeln versetzt dir einen Stich in den Magen, und bevor auch nur ein Wort fällt, schüttelst du bedauernd den Kopf und schließt sie fest in deine Arme.

FANTASTISCH!

Lagerfeuer

Einen toten Baum zersägen, die Holzscheite zu einem Haufen stapeln und sie anzünden ist Spaß pur.

Langsam gibt das verdorrte, knochentrockene Holz die Energie frei, die der Baum über Jahre und Jahrzehnte von der Sonne, der Luft und dem Boden aufgenommen und in sich gespeichert hat. Das Ergebnis ist helles Licht, leises Zischen, Knistern und Knallen und der herrliche Duft von Moos und verbrennenden Kiefernnadeln.

Wenn du die Augen zumachst, malt das Feuer gelbe und orangefarbene Kaleidoskope auf deine Augenlider, während die Hitze deine Wangen rötet. Du sitzt im kalten, dunklen Wald neben einem kalten, dunklen See auf einem kalten Baumstamm, doch deine Hände, Nase und Ohren wärmen sich am Feuer, und du saugst die Düfte und Geräusche des Lagerfeuers dankbar in dir auf.

FANTASTISCH!

Wenn nach einem langen Flug dein Koffer als erster auf das Förderband purzelt

Jeder hat so seine Theorien zur Gepäckausgabe an Flughäfen.

»Wenn du als Erster für einen Flug eincheckst, bist du erledigt«, fängt mein Freund Peter an, während unser Flieger zur Landung ansetzt. »Dein Koffer ist zuerst im Flugzeug und wird begraben unter den Koffern, Golftaschen, Geigenkasten und Vogelkäfigen der restlichen Passagiere.«

Mike schüttelt energisch den Kopf. »Nein, nein, das stimmt nicht«, widerspricht er, nimmt einen Schluck von seiner Diät-Cola und erklärt: »Wenn du als Letzter eincheckst, kriegst du als Letzter deinen Koffer. Das wäre sonst nicht fair. Außer du fliegst erste Klasse oder hast eine Vielfliegerkarte. Ansonsten läuft das bei großen Firmen nach bestimmten Standards ab. Und für die Gepäckausgabe gilt: Wer zuerst kommt, mahlt zuerst.«

»Ihr irrt euch beide«, sage ich mit der wichtigtuerischen Art eines frustrierten Airline-Geschäftsführers. »Es wäre schön, wenn es da eine Logik gäbe. Wenn ihr den ganzen Tag zig Tonnen Gepäck in Flugzeuge schafft, glaubt ihr da wirklich, es interessiert euch, wer zuerst eingecheckt hat? Niemals! Du schnappst dir einfach das erstbeste Gepäckstück und fertig. Da gibt es keine Regeln.«

Damit hatte die Unterhaltung eine Pattsituation erreicht. Wir zuckten mit den Schultern und wandten uns anderen Dingen zu. Mike schaute aus dem Fenster auf die Lichter der Stadt hinunter, und Peter blätterte in einem Flugmagazin und überflog einen Artikel über Hotel-Swimmingpools mit ausgefallenen Beckenformen.

Wir landen, müde von der langen Reise, regeln den Zoll, gehen zur Gepäckausgabe und merken einmal mehr: Egal, welche Theorie stimmt, es ist ein prima Gefühl, wenn dein Koffer als Erster auf das Förderband purzelt.

Wenn dir das passiert, teilst du triumphierend die wartende Menge, packst deinen Koffer und verschwindest ab nach draußen.

FANTASTISCH!

Nach einem langen Bad die nasse Badehose abstreifen und in warme Klamotten schlüpfen

Zähneklappern, Gänsehaut und Bibbern am ganzen Leib.

Wenn du nach einem langen Bad aus dem Pool steigst, reicht schon ein kleiner Windhauch, und du frierst bis auf die Knochen. Für einen Augenblick bist du im kalten, tropfenden Niemandsland zwischen wohlig warmem Poolwasser und kuschelig trockenem Badetuch. Das Haar klebt pitschnass auf deinen Ohren, kaltes Wasser rinnt deine Beine hinunter und du rennst durchs Gras zu deinem Platz und wirfst dich in die warme Umarmung deines Handtuchs. Schnell rubbelst du dich ab, trocknest die Haare, wickelst dich in das Handtuch und wärmst dich langsam auf.

Ein herrliches Gefühl! Doch etwas stört: Die kalte, nasse Badehose klebt noch an deinem feuchten Hintern. Eisige Tropfen rinnen deine Beine entlang, bis du schließlich in die Umkleide gehst und die Sache in drei einfachen Schritten erledigst:

- **Schritt 1: Das Abstreifen.** Bikiniträger sind ratzfatz fertig. Einfach Oberteil aufmachen und Unterteil in einer Art Elastan-Wurst auf den Boden fallen lassen. Boxerbadehosen hingegen kriegt man nicht so leicht los. Die kleben hartnäckig feucht und seltsam verklumpt an den trockenen Beinen. Streif sie ab und kick sie weg.

- **Schritt 2: Die Arbeit zu Ende bringen.** Feuchtkalte Pobacken frieren sich noch immer einen ab. Also schnapp dein Handtuch und rubble sie trocken. Und wenn du wirklich richtig trocken bist – dann wird es Zeit für den siebten Himmel.

- **Schritt 3: Der siebte Himmel.** Schlüpf in weiche Baumwolle und zieh deine warme, trockene Hose hoch. So kalt wie dir war, fühlt sich das an wie Unterwäsche direkt aus dem Trockner. Jetzt ist die Welt wieder in Ordnung, warum also nicht mit Pommes und Bier drauf anstoßen?

Das Leben hat dich wieder.

FANTASTISCH!

Den ganzen Tag eine Bettfrisur tragen

Jeder kann morgens mit einer schlimmen Bettfrisur aufwachen.

Verfilzte Locken, plattgedrückte Kissenseite, aufgeladene Stehfrisur – was auch immer du auf dem Kopf trägst, alles ist erlaubt. Wie regennasses Haar sind Bettfrisuren deine temporäre Eintrittskarte ins Land der Haarwirbel, wo es auf Äußerlichkeiten nicht ankommt. Es macht Spaß, vor dem Griff zum Shampoo, Glätteisen oder Haargel eine Runde zu drehen und die neue Staatsangehörigkeit zu genießen.

Optimal wäre es, ganz davon wegzukommen. Schau dir doch Babys an. Sie tragen ständig Bettfrisuren – manchmal jahrelang. Und ich sag's dir: Wir können einiges von Babys lernen.

Also zier dich nicht. Wo ein Wille ist, ist auch ein Weg:

Bettfrisur aus Zeitmangel. Die hast du, wenn du verschlafen hast und direkt aus dem Bett in deine Jeans schlüpfst, die Schlüssel schnappst und aus dem Haus stürmst. In diesem Fall ist die Bettfrisur unbeabsichtigt, und vielleicht fährst du dir im Bus ein paar Mal mit den Fingern durchs Haar oder versuchst im Büro, mit etwas Wasser die Wogen zu glätten. Das ändert aber nicht viel, und du hast deine Bettfrisur den ganzen Tag. Deshalb gibt es hier 5 Punkte.

Bettfrisur am Sonntag. Du stehst um eins auf, schlüpfst in deine Jogginghose, lädst Freunde ein und verbringst den restlichen Tag mit Videospielen. Oder du machst es dir vor dem Fernseher gemütlich und schaust mit Großpapa ein Golfturnier. In keinem der Fälle ist eine Dusche vorgesehen, und die Bettfrisur ist ausgeprägt und dauerhaft. Dafür kriegst du 10 Punkte.

Die »Mir doch egal«-Bettfrisur. Das ist die Königin aller Bettfrisuren. Denn du stehst voll zu deinem Look. Du gehst aus, bist unter Leuten, erledigst alle möglichen Dinge und pfeifst dabei auf deine Vogelnester. Wenn du mit Strubbelkopf zum Einkaufen oder in die Schule gehst, hast du gewonnen. Damit eines klar ist: Wir reden hier nicht von künstlichen, durch Cremes oder Lotionen hervorgerufene Pseudobettfrisuren, sondern nur von waschechten Bettfrisuren. Und nur dafür gibt es 25 Punkte.

Bettfrisuren sind ein Verstoß gegen alle Haarkonventionen. Und das ist der erste Schritt zu echter Freiheit. Befreie dein Haar – und dein Geist und dein Leben werden frei. Wenn du aufstehst und deine Haare einfach in Ruhe lässt, lässt du auch dich in Ruhe.

Aus der hibbeligen Jane wird plötzlich die gelassene Jane mit Haarstoppeln an den Beinen und Jogginghose, mit der man auf dem Sofa vor dem Fernseher viel besser kuscheln kann. Und der Anzug-und-Krawatten-Sam verwandelt sich in den lockeren Sam von einst, chillt auf der Couch, lacht über jeden Witz, spielt den Clown und nimmt alles locker.

Die Bettfrisur! Weil es manchmal guttut, den Kamm liegen zu lassen und zu sehen, was passiert.

FANTASTISCH!

Die Wäsche von der Waschmaschine in den Trockner transportieren, ohne etwas fallen zu lassen

Ob du deine Unterhosen im Gemeinschaftswaschraum, im öffentlichen Waschsalon oder in deiner eigenen Waschküche wäschst – der Boden dort ist dreckig.

In den Ritzen und Fugen lauert der Staub, und das feuchte Wäscheknäuel heil von der Waschmaschine in den Trockner zu transportieren wird zur reinsten Zitterpartie. Eine falsche Bewegung – und dein weißes Hemd hat ein Spinnennetzmuster am Ärmel. Noch eine falsche Bewegung – und deine schwarzen Socken sind mausgrau und fusselig. Drei falsche Bewegungen – und du stopfst das Ganze in die Waschmaschine zurück.

Schaffst du es hingegen ohne eine falsche Bewegung, hast du guten Grund zu grinsen.

FANTASTISCH!

Rücksitzfenster, die sich ganz öffnen lassen

Du kurvst in einer warmen Sommernacht mit Freunden durch die Stadt, die Musik voll aufgedreht, der Bass wummert, und du gehst auf dem Rücksitz voll mit. Was ist da cooler, als den Arm aus dem Fenster zu halten und die kühle Nachtluft auf der Haut zu spüren?

Autohersteller bitte herhören! Für eine ordentliche Sommerausfahrt brauchen wir offene Rücksitzfenster. Die Scheiben müssen sich ganz runterkurbeln lassen, alles andere könnt ihr vergessen. Autotüren- und Fensterhersteller, ihr habt es gehört: Keine halben Sachen mehr, die Scheiben müssen runter!

Nichts ist frustrierender als ein Fenster, das auf halbem Wege stecken bleibt. Probier mal, einen Arm aus einem halboffenen Fenster baumeln zu lassen, und willkommen in einer Welt der mangelnden Durchblutung und der kalten, blauen Hände.

Offene Rücksitzfenster versüßen das Leben. Sie bringen dir Luft, und du kannst cool die Ellenbogen raushängen – wie die Leute auf den Vordersitzen.

FANTASTISCH!

Sich Grasflecken holen

Grasflecken bedeuten, dass du mit einem Affenzahn im Grünen herumgerannt bist. Vielleicht bist du beim Fangenspielen ausgerutscht oder nach einem scharf geschossenen Ball gehechtet. Wie auch immer – die Grasflecken an deiner Hose beweisen, dass du gerne was riskierst, um Spaß zu haben, und das verdient Respekt.

Langweilige Leute wie ich holen sich keine Grasflecken, denn sie trainieren von 19:30 Uhr bis 20:25 Uhr in der Halle.

Wenn du aber zu denen gehörst, die in Kordhosen und T-Shirt einfach mit Vollgas drauflosrennen, bis sie über einen Stein stolpern oder den Hügel hinunterrollen, dann ist das gut so. Vielleicht gehst du mit einer Hose voller Grasflecken, blutenden Knien und dreckverkrusteten Schuhen nach Hause – aber du hattest einen prima Tag.

FANTASTISCH!

Wenn du deine Fernbedienung so gut kennst, dass du nicht mehr auf die Tasten zu schauen brauchst

Hast du schon mal einen fremden Fernseher eingeschaltet?

Das ist oft schwerer, als man glaubt.

Da ist erst einmal die Markenkontrolle. Vor dir liegen drei identische schwarze Fernbedienungen auf dem Couchtisch. Du schaust also zum Fernseher, entdeckst ein kleines Panasonic-Logo und suchst die passende Fernbedienung. Elementar, mein lieber Watson!

Wenn du Pech hast, haben alle drei dieselbe Marke. Dann heißt es ausprobieren. Und wenn nichts angeht, pfefferst du die Fernbedienungen wütend aufs Sofa, gehst zum Fernseher und suchst den Einschaltknopf. Das hilft aber nur fürs Fernsehen. Videogucken geht nicht – außer du findest einen so großartigen Knopf wie TV/Video.

Aber aufgepasst! Manchmal bekommst du eine gehörige Standpauke, wenn du dich an fremden Fernsehern zu schaffen machst.

Dein Kumpel kommt rein und sieht dich wild auf den Tasten der Fernbedienung herumdrücken, während auf dem Bildschirm spanische Untertitel erscheinen. »Was hast du zuerst gedrückt?«, fragt er bissig und reißt dir die Fernbedienung aus der Hand, als sei sie eine Puppe, die du gerade gewürgt hast. »Du machst ihn noch kaputt!« Vielleicht fügt er noch überlegen hinzu: »Wie soll der Fernseher funktionieren, wenn du ihn nicht einsteckst?« Oder: »Stopp, stopp, stopp! Erst die Eingabetaste drücken!«

Nach so einer Erfahrung weißt du es besonders zu schätzen, wenn du deine eigene Fernbedienung in- und auswendig kennst. Zunächst merkst du es gar nicht, bis es dir eines Tages wie Schuppen von den Augen fällt: Du bist ein Fernbedienungsprofi, der blind durch die Kanäle zappt.

Zuerst hast du die Pfeiltasten drauf und bald darauf auch die Zahlentasten – sogar die defekte Taste 5, von der das kleine Nippel-Ding abgegangen ist. Dann kann dich nichts mehr stoppen. Lautlos, Standby – kein Problem. Alles geht blind, ohne den Blick vom Bildschirm zu nehmen. Das steigert deine Fernseh-Effizienz ungemein. Keiner zappt wie du. Keiner dreht so laut wie du, wenn Mama den Staubsauger anwirft. Und keiner drückt so schnell wie du auf lautlos und geht nach dem ersten Läuten ans Telefon.

Du bist unschlagbar.

Du hast den Dreh raus.

FANTASTISCH!

Wenn du dich nach dem nächtlichen Gang zur Toilette wieder in dein warmes, gemütliches Bett kuschelst

Halbblind und schlaftrunken tappst du dich zu deinem Bett zurück und schlüpfst nach einem frostigen Ausflug ins Bad unter die flauschig warmen Decken.

FANTASTISCH!

Wenn du jemanden am Telefon lächeln hörst

Das Leben in einer Großstadt kann einsam sein.

Freunde kommen und gehen, und kaum ist dir jemand ans Herz gewachsen, verlässt er die Stadt und zieht weit weg.

Ich weiß, telefonieren ist jetzt viel billiger als früher. Aber ein längeres Telefonat perfekt zu planen ist nicht leicht. Da gibt es Zeitzonen, Anrufbeantworter und die Schwierigkeit, den richtigen Moment zu erwischen. Meistens ruft man an, wenn der andere gerade kocht oder die Kinder ins Bett bringt.

Und trotzdem kriegst du ab und zu so ein Endlosgespräch mit einem alten Freund auf die Reihe. Und habt ihr erst einmal die üblichen Themen wie Arbeit, Kinder, Freunde und gemeinsame Bekannte durch, plätschert eure Unterhaltung in der alt vertrauten, scherzhaften Weise dahin – und ihr kommt euch vor wie in alten Zeiten. Das ist der schönste Teil.

Ihr reißt Witze wie zu Schulzeiten an einem langen Freitagabend, tuschelt wie damals, als ihr euch das Hochbett geteilt habt, und lacht wie in den Zeiten, als ihr beide noch jung und verheiratet wart. Wenn du genau aufpasst, hörst du manchmal sogar das Lächeln des anderen durchs Telefon hindurch. Und es berührt dein Herz, während du eine prima Zeit mit einem guten Freund verbringst.

FANTASTISCH!

Als Kind in die nächste Schuhgrößenklasse aufsteigen

Manche Geräte sehen aus, als hätte man sie einer fliegenden Untertasse auf dem Meeresgrund entnommen.

Aufwendige Korkenzieher mit Hasenohren, Unkrautjäter aus Edelstahl – und nicht zu vergessen: dieses schwere Metallgerät aus dem Schuhladen, mit dem die Verkäuferin deinen Fuß misst.

Aber dass Letzteres so imposant ist, hat, glaube ich, seinen Grund.

Lägen da nur ein paar Lineale herum, wäre es lange nicht so spektakulär, wenn deine Füße um eine Schuhgröße gewachsen sind. Mama würde das Lineal schnappen, es an deinen Fuß halten, dir ein paar neue Halbschuhe kaufen und fertig. Mit der Fußmessmaschine ist das alles viel spannender. Zuerst muss die Dame im Schuhladen unter den Stühlen danach suchen, dann bringt sie die Maschine her und geht vor dir in die Hocke, fasst dich am Knöchel und stellt deinen Fuß in das Gerät, schraubt eine Weile daran herum und verkündet schließlich feierlich deine Schuhgröße.

»Größe 37.«

FANTASTISCH!

Perfekt gepopptes Popcorn aus der Mikrowelle

Wer kennt das nicht?

Du stehst nervös vor der Mikrowelle und starrst wie gebannt auf die prall aufgeblasene Popcorntüte, die sich ruhig auf dem Teller dreht, als sei nichts los. Es ist aber sehr wohl etwas los! Die Tüte scheint voll, aber laut Beschreibung dauert es noch eine Minute, und du weißt nicht, ob du den Stecker ziehen sollst oder nicht. Die Sache ist heikel.

Ziehst du den Stecker zu früh, hast du zwar einige gut gepoppte Popcorns, aber auch jede Menge fettiger ungepoppter Körner unten in der Tüte. Dein Magen knurrt, und du hast zwei Möglichkeiten: Du bleibst hungrig, oder du fängst noch mal von vorne an und überisst dich hinterher.

Ziehst du den Stecker zu spät, hast du ebenfalls einige gut gepoppte Körner, aber auch viele verbrannte, die Tüte raucht, und dein Rauchmelder könnte losgehen. Das solltest du besser vermeiden.

Popcorn machen ist kompliziert. Deshalb freust du dich umso mehr, wenn deine Mikrowelle dir das Popcorn perfekt poppt. Entweder du traust der angegebenen Zeit, oder du lernst selbst das perfekte Timing.

Was für ein herrliches Gefühl, wenn du die dampfend heiße, perfekt gepoppte Tüte aus der Mikrowelle holst und in eine Schüssel leerst, kurz bevor der Film anfängt!

FANTASTISCH!

Der Kuli, der dich nie im Stich lässt

Bestimmt hast du auch so einen Kuli.

Eine Kappe hat er schon lange nicht mehr, am Ende ist er abgekaut, aber dieser treue Kuli schreibt und schreibt und scheint endlos weiter zu schreiben.

Vielleicht legst du diesen verlässlichen und durch und durch tintigen Gefährten auf den Kühlschrank oder tief hinten in eine Kommodenschublade, oder er liegt unter anderen Stiften in deinem Mäppchen begraben.

Er ist jedenfalls immer griffbereit, handlich und lässt dich nie im Stich.

Bestimmt hast du ihn schon oft verloren geglaubt und ihn wochen- oder sogar monatelang nicht gesehen. Du hast angenommen, er ist unter den Herd gerollt, versehentlich im Müll gelandet oder schlimmer noch: Ein skrupelloser, als harmloser Kuli-Entleiher getarnter Kuli-Dieb hat ihn sich unter den Nagel gerissen.

Es ist eine Zeit der Trauer, die erst endet, wenn du deinen geliebten Kuli unverhofft wiederfindest: friedlich schlummernd in der Tasche deiner Winterjacke oder unbekümmert dösend in der Scrabble-Schachtel.

Ist es nicht etwas Besonderes, dass dieser Kuli dir nie von der Seite weicht? In Zeiten von Tafeln und Whiteboards in der Küche, Voicemail und SMS tut ein endlos schreibender Kuli gut. Denn er ist echt, greifbar und irgendwie liebenswert.

FANTASTISCH!

Wenn du mit einem fast leeren Tank durch die Nacht fährst und am Horizont eine Tankstelle auftaucht

Wenn du mitten in der Nacht auf einer einsamen Straße unterwegs bist und deine Benzinuhr gegen null geht, ist radikales Spritsparen angesagt: Du beschleunigst im Schneckentempo und überfährst ungebremst Stoppschilder, um kein Tröpfchen des kostbaren Treibstoffs zu vergeuden. Du fragst dich ärgerlich, wie du dich in diese Situation bringen konntest, und versprichst dir, das nächste Mal besser aufzupassen. Dann prüfst du deine Überlebenschancen: In Gedanken gehst du die Liste deiner Notreserven durch und siehst dich schon unter einer Decke aus Servietten bibbern und Bonbons und das übrige Päckchen Ketchup vom letzten Restaurantbesuch futtern.

Die Tankanzeige steht auf null, nervös umklammerst du mit beiden Händen das Lenkrad und fürchtest jeden Moment stehen zu bleiben, während du den nächsten einsamen, dunklen Hügel hinauftuckerst. Doch siehe da! Oben angekommen, erscheinen am Horizont die hellen Lichter einer Tankstelle. Dem Himmel sei Dank!

FANTASTISCH!

Wenn dir einfällt, aus welchem Film du diesen Typen kennst

Meistens passiert es mitten in der entscheidenden Szene des Films.

Alles strebt auf das große Finale im Gerichtssaal zu oder das mit Spannung erwartete Finale der Champions League, und plötzlich stellst du fest, dass der Trainer der gegnerischen Mannschaft der Typ aus diesem anderen Film sein muss – wie heißt er doch gleich?

Der Gefängniswärter in *Die Verurteilten*? Der Anwalt in *Das Wunder von Manhattan*? Nein. Aber natürlich! Das ist der Messerwerfer aus *Irgendwann in Mexiko*.

FANTASTISCH!

Mit »Schere, Stein, Papier« Probleme lösen

Vor ein paar Jahren landete ich mit meinen Freunden Ty und Chris auf einer Reise quer durch die Staaten in einem Hotelappartement mit zwei schönen Doppelbetten in separaten Räumen und einer harten Metallpritsche im Gemeinschaftsraum. Zwei superbequeme Schlafplätze und ein Witz von einem Ausziehbett, dessen Anblick schon Rückenschmerzen bereitete. Mit unseren Taschen und Rucksäcken beladen standen wir ratlos im Flur. Eine Lösung musste her – und zwar schnell. Nach einer Woche in bescheidenen Motelzimmern hatten wir endlich die Chance auf eine angenehme Nachtruhe. Das musste geklärt werden.

Wir gaben Chris eines der Zimmer, weil er das Hotel gefunden hatte und wir mit seinem Auto unterwegs waren, und er nahm unser Angebot ohne Umstände an, bezog sein Zimmer und überließ Ty und mich unserem Schicksal. Nun war es aus mit Freundlichkeiten. Wir wollten beide das bessere Bett, und es gab nur eine Möglichkeit, die Angelegenheit fair zu lösen: mit »Schere-Stein-Papier«.

Wir besprachen die Regeln und einigten uns darauf, das Handzeichen nicht sofort, sondern auf drei zu geben. War ein Zeichen nicht eindeutig oder kam zu spät, würde es automatisch als Stein gewertet werden. Jede Runde sollte nach den üblichen Regeln ablaufen: Scheren-Finger schnippeln auf Papier-Handflächen herum, Stein-Fäuste schleifen Scheren-Finger stumpf und Papier-Handflächen umschließen den Stein. Und keine Schadenfreude! Zuletzt einigten wir uns auf maximal sieben Spielrunden ohne Verlängerung. Wer zuerst vier Siege zusammen hatte, bekam das Bett.

Und los ging's: Wir ließen unsere Taschen fallen und brachten uns in Position. Wir streckten die Faust nach vorn, fixierten uns, lockerten Nacken und Schultern für den großen Kampf.

In den ersten beiden Runden schliffen meine Steine gnadenlos Tys Scheren. Dann wechselte Ty zu Papier, doch darauf war ich gefasst und wählte Schere. Es stand 3:0, und Ty erbat sich eine Pause. »Ich muss nachdenken«, sagte er. Was dann folgte, vergesse ich nicht. Er schaute mir einen Moment in die Augen, blinzelte und sagte dann mit einem Lachen: »Okay, ich bin so weit.« Die nächsten drei Runden waren ein Alptraum: Sein Papier wickelte meinen Stein ein, seine Schere zerschnitt mein Papier – und nach ein paar Unentschieden vollendete er schließlich sein Comeback, indem er meinen schönen Stein in ein verfluchtes Blatt Papier wickelte.

3:3 – der Ausgleich. Wir gingen in die letzte Runde.

Ich warf einen verstohlenen Blick durch die offene Schlafzimmertür: Die untergehende Sonne warf ein warmes Licht auf die seidig glänzende Bettdecke, auf der Kommode gegenüber prangte ein Flachbildschirm-Fernseher, und auf den kuschelweichen Kissen lag ein Säckchen mit Mini-Toilettenartikeln. Ich schaute, träumte und versuchte mein Glück …

»Schnick! Schnack! Schnuck!«

Ty erschnippelte sich das Zimmer souverän mit der Schere.

Und ich schaute verdrossen auf meine offene Hand und fragte mich, warum ich mich nicht für meinen bewährten Stein entschieden hatte. Ich hätte seine Schere in tausend Stücke schlagen können. Doch was half das jetzt noch.

Ty zog sich freudestrahlend in sein Reich zurück, ließ die Tür ins Schloss fallen und besiegelte damit unüberhörbar seinen Sieg. Ich tat in jener Nacht kein Auge zu, und das nicht nur wegen der Metallfedern, die mir in die Nieren stachen. Die Art, wie ich verloren hatte, machte mir zu schaffen.

Dem Spiel konnte ich jedoch keinen Vorwurf machen. »Schere, Stein, Papier« hatte seinen Job erfüllt und eine nicht verhandelbare Streitfrage zweifelsfrei geklärt. Bei »Schere, Stein, Papier« gibt es kein Wenn und Aber. Wenn es vorbei ist, ist es vorbei. Klar, du kannst um Verlängerung betteln, aber der Gewinner wird sich darauf nicht einlassen. Er hat gewonnen und damit basta.

»Schere, Stein, Papier« entscheidet über Ketchup oder Majo, über Autobahn oder Landstraße und darüber, wer auf dem Heimweg fahren muss und wer schlafen darf. Es nimmt uns die vielen lästigen Entscheidungen ab, die uns tagtäglich beschäftigen. Wer darf zuerst duschen? Wer zahlt die Pizza? Wer muss das Baby wickeln?

Diese Fragen sind nicht ohne – mit „Schere, Stein, Papier« aber im Nu beantwortet. Aber hör auf meinen Rat: Mach nie mehr als drei Runden!

FANTASTISCH!

Wenn du merkst, du kannst Autofahren

Meine Fahrstunden fanden in einer unerträglich schwülen Woche mitten im Sommerloch statt. Der Unterrichtsraum war im letzten Stock eines alten Innenstadtgebäudes zusammen mit Zahnarztpraxen, Anwaltskanzleien und Reisebüros mit ausgeblichenen Postern an den Fenstern.

Der Raum hatte keine Klimaanlage, nur Fenster, die wir mit Linealen offen hielten, in der Hoffnung, Mutter Natur möge uns mit einer luftigen Brise wach halten. Wir schwitzten und stöhnten, und es stank nach zerbröselter Kreide in einer Suppenschüssel voll Schweiß. Kurz: Mein Fahrschulunterricht war eine Tortur.

In einem Klassenzimmer Autofahren zu lernen ist wie Fahrradfahren zu lernen in einem Swimmingpool. Das hat einfach keinen Sinn. Der Overheadprojektor warf Bilder an die Wand, die uns die toten Winkel erklärten. Wir erfuhren die Geschichte der Sicherheitsgurte und schauten blutige Videos an, die uns zum Anschnallen anhielten.

Ich muss zugeben, dass ich mich nur noch schwach an den Unterricht erinnere. Meine Notizen habe ich längst verloren, und ich könnte kein Bild von toten Winkeln zeichnen. Eine Aussage des Fahrlehrers hat sich aber in mein Hirn eingebrannt. Er erklärte uns, dass man in vier Phasen Autofahren lernt. Er klopfte mit der Kreide an die Tafel, um für Ruhe zu sorgen, und sagte: »Ihr müsst nur wissen, in welcher Phase ihr seid.«

- **Phase 1: Du weißt nicht, dass du nichts weißt.** Du bist noch nie Auto gefahren und merkst nicht, dass du eine Niete darin bist. Überall sind Autos unterwegs und Leute, die sie fahren, denkst du. Warum solltest du das nicht auch können?

- **Phase 2: Du weißt, dass du nichts weißt.** Überraschung! Du kannst nicht fahren. Das merkst du, wenn du zum ersten Mal langsam und in weitem Bogen in die falsche Straße einbiegst. Oder es dämmert dir, wenn du mit den Reifen den Bordstein rammst und bei Rot über die Kreuzung fährst. Du vergisst zu blinken und kannst weder quer noch längs zur Straße parken und an einer Steigung erst recht nicht. Das frustriert, aber jetzt weißt du wenigstens, dass du noch viel zu lernen hast. Du hast es zu Phase 2 gebracht – ob du das wolltest oder nicht.

- **Phase 3: Du weißt, dass du weißt.** Nachdem du viele Fahrstunden und »Hilfe! Du bist auf der Straße?«-Witze ertragen hast, merkst du eines wunderbaren Tages, dass du fahren kannst. Du hast es geschafft und bist stolz. Gratulation!

- **Phase 4: Du weißt nicht, dass du weißt.** Das Autofahren wird bald zur Routine. Und wenn du das erste Mal an einem Samstagvormittag ins Büro anstatt zum Supermarkt gefahren bist, weißt du, du bist in Phase 4. Jetzt kommt es vor, dass dich beim Einbiegen in deine Einfahrt plötzlich die Panik packt, weil du dich an die letzten fünfzehn Minuten nicht erinnerst. »Wie bin ich hergekommen?«, fragst du dich und merkst, du bist in einer Art Wachtraum nach Hause gefahren. Blinken, Abbiegen – alles ging automatisch wie im Autopilot-Modus. In diesen Fällen weißt du nicht mehr, dass du weißt.

Mir geht es hier aber nicht um Phase 4, sondern um Phase 3: Das tolle Gefühl, etwas Neues gelernt zu haben. Du bist stolz wie ein Spanier. Deine Anstrengungen und deine Entschlossenheit haben sich gelohnt. Du bist ein echter Autofahrer und das ist ein echt geiles Gefühl.

Denn ist es nicht die Freiheit pur, wenn die Straßen, auf denen du als Kind Fußball gespielt und Kreidebilder gemalt hast, plötzlich durch Autobahnen verlängert werden, die dich in Diskos und Partys außerhalb der Stadt führen? Die Welt wird kleiner und dein Aktionsradius größer. Es ist toll, wie viele Städte und Orte du jetzt von deiner Straße aus erreichen kannst und das irgendwann auch tun wirst.

FANTASTISCH!

Ausgediente alte Schuhe

Schuhe durchlaufen einen Lebenszyklus.

1. **Nagelneue Schuhe.** Sie kommen in Seidenpapier gewickelt in einem Pappkarton bei dir zu Hause an und beginnen ihr neues Leben im Schuhschrank. Dort bleiben sie so lange stehen, bis du deine alten Schuhe ausrangierst. Das ist okay. So gewöhnen sie sich langsam an ihr neues Zuhause.

2. **Die ersten Schritte.** Endlich ist es so weit, sie machen ihre ersten Schritte. Am Anfang ist es seltsam. Sie fühlen sich ganz anders an als deine alten Schuhe. Aber sie sind bezaubernd: Strahlend weiß und blitzblank funkeln sie dir von da unten entgegen.

3. **Die Pubertät.** In jedem jungen Schuh steckt Neugier. Und es ist natürlich, dass er seine Grenzen testet. In diesen jungen Jahren treten sie zum ersten Mal in Pfützen, bekommen die ersten Ketchupspritzer ab und stapfen zu später Stunde über ein matschiges Feld zu einem Open-Air-Konzert. Sie sehen danach ziemlich mitgenommen aus, und vielleicht machst du dir Sorgen um sie. Aber das ist normal. Irgendwann mussten sie ja erwachsen werden. Nur so lernst du deine Schuhe wirklich kennen.

4. **Die Jahre des Schuftens.** Jetzt müssen sie für jeden Gang herhalten. Sie sind die Ernährer der gesamten Schuhfamilie, der

Sandalen, Ausgehschuhe und Turnschuhe, die deinen Schuhschrank füllen.

5. **Pension.** Endlich dürfen sie ausruhen. Abgewetzt und irreparabel, mit zerrissenen Schnürsenkeln und abgelaufenen Sohlen landen sie schließlich in ihrem Alterswohnsitz in der hintersten Schrankecke, gleich neben einem Paar rostiger Schlittschuhe und ausgedienten Tennisschlägern. Ihre aktive Zeit ist vorbei, aber du weißt, sie sind da, wenn du sie am nötigsten brauchst. Wenn du den feuchten Rasen mähst, das Bad neu streichst oder im Garten eine Veranda baust, dienen sie dir während der letzten Jahre ihres langen, stolzen Lebens noch als Arbeitsschuhe.

Farbkleckse, Laubreste und zentimeterdicke Dreckkrusten bedecken am Ende ihr müdes, ausgezehrtes Leder und bezeugen ein langes, erlebnisreiches Schuhleben.

Unvergessen!

FANTASTISCH!

Den Geburtstag deines Haustiers feiern

Was dein Haustier davon mitbekommt? Es trägt ein Partyhütchen, jeder schießt ein Foto von ihm, und in seinem Futternapf wartet ein Stück Kuchen.

FANTASTISCH!

Wenn dir beim Aufwachen einfällt, dass Samstag ist

VERDAMMT! WIE VIEL UHR IST ES? ICH MUSS ZUR ARBEIT!

Moment mal …

FANTASTISCH!

Gib mir zehn!

Schlag ein! Fünf sind gut, zehn sind besser.

Du musst dir das lautlos und in Zeitlupe vorstellen: Dein Gesicht verzerrt sich langsam zu einem kraftvollen, pseudowütenden Urschrei, dein Kopf schwenkt mit fliegendem Haar hin und her, und du wirfst beide Hände nach oben. Dein Freund tut dasselbe und eure Handflächen schlagen mit einem doppelt lauten *KLATSCH* zusammen.

Ein fantastisches Bild, das in einer Studie über die besten Dinge überhaupt auf die erste Seite gehört. Das Glücksbarometer schnellt nach oben. Ein guter Tag wird zu einem fantastischen Tag. Und ich weiß, du wirst ihn einfach lieben, diesen lauten Zwanzigfinger-Knall. Einfach bombastisch!

Ein »High five« ist okay, vor allem wenn ein Baby bei dir einschlägt. Aber mal ehrlich: »High five« – das kann doch jeder. Und hast du dich erst an zehn gewöhnt, kommen dir fünf plötzlich mickrig und unvollkommen vor. Das ist wie ein Flip ohne Flop, ein Hop ohne Top, ein Ping ohne Pong oder wie ein Einrad.

Ganz anders ein »High ten«! Das ist ein würdiger Einschlag zum Feiern. Aber für den »High ten« brauchst du Mumm – aus zwei Gründen:

1. **Du blamierst dich leichter.** Du hast deine Hand für einen »High five« hochgestreckt, und niemand hat eingeschlagen? Kein Problem, lass deine Hand einfach unauffällig in deine Tasche sinken, kratz dich am Kopf oder fahr dir lässig durchs

Haar. Alles im grünen Bereich. Keiner hat's bemerkt. Aber probier das mal mit einem »High ten«! Wenn dann keiner reagiert, siehst du richtig alt aus! Ein peinlicher, weil vergeblicher Versuch, beim Fußballturnier deines Sohnes für Stimmung zu sorgen oder bei der Studentenparty einen auf Kumpel zu machen.

2. **Ohne Koordination geht gar nichts.** Beim »High five« ist Koordination kein Problem: Vier Augen fixieren einen einzigen Schlag – da kann nicht viel schiefgehen. Natürlich kann es sein, ihr erwischt nur eure kleinen Finger, und es kommt zu einem lächerlich leisen Klaps, aber das ist selten. Beim »High ten« ist das anders, hier muss jeder auf vier Hände und zwei Schläge achten. Da heißt es: timen, zielen, zuschlagen. Und wenn's beim ersten Mal noch nicht so knallt, wie's soll – keine Sorge, einfach weiter üben.

Nimm deinen Mut zusammen und probier es mit zehn. Fang gleich heute damit an! Es lohnt sich, du wirst es sehen. Vielleicht geht ihr auf ein Bier oder auch mehr – ein fröhlicher »High ten«, wenn keiner von euch gegessen hat.

FANTASTISCH!

Wenn du jemanden im Schlaf lachen siehst

Es ist mitten in der Nacht, alles ist dunkel und still.

Du wendest dich unruhig unter der Decke, während dein Bettgefährte selig schlummert. Du versuchst, mit allen Mitteln einzuschlafen, bleibst möglichst lange still liegen, drehst das Kissen um und atmest tief im Schnarchrhythmus deines Bettgenossen.

Nichts hilft und du bist frustriert, müde und kurz davor, »Jetzt reicht's!« zu brüllen. Doch genau in diesem Moment siehst du deinen Bettnachbarn im Schlaf lachen. Das ist so bizarr und urkomisch, denn du fragst dich: Was ist so witzig?

Klar, wir finden viele Dinge zum Lachen, wenn wir wach sind. Etwa wenn deiner Mitbewohnerin der Hammer auf den Zeh fällt oder wenn dein Bruder von einem Tennisball erwischt wird. Das versteht man. Aber wenn jemand im Schlaf lacht, ist das was anderes. Es ist der geheimste aller geheimen Witze. Du weißt nicht, worum es geht, und der Lachende oft auch nicht.

Ob es das Baby in der Wiege ist, dein Vater im Zelt oder deine Freundin neben dir im Bett – es ist zum Brüllen, wenn du einen Schlafenden beim Lachen beobachtest und versuchst zu erraten, was ihm gerade durch den Kopf geht.

FANTASTISCH!

Stopp, stopp, stopp! Eine letzte Frage: Hast du schon mal probiert, den Traum des Schlafenden zu beeinflussen, indem du ihm Dinge ins Ohr flüsterst? Ich auch nicht.

FANTASTISCH!

Wenn ganz unten in der Eiswaffel noch Eis ist

Meine Freundin Allison ist verrückt nach dem letzten Geschmack.

Egal, ob beim Grillen auf der Terrasse oder auf der Mitbringparty bei Freunden. »Man sollte jedes Essen mit dem bestmöglichen Geschmack beenden«, sagt sie und steckt sich den saftigen rosafarbenen Happen Steak in den Mund, den sie sich während des gesamten Essens am Tellerrand aufgehoben hat. »Man darf da kein Risiko eingehen.«

Ich gebe zu, anfangs fand ich das seltsam. Doch mittlerweile bewundere ich ihre Willensstärke, dem leckersten Bissen bis zuletzt zu widerstehen. Ich dagegen bin fähig, nach einem leckeren Stück Käsekuchen eine kalte Rindsroulade vom Vortag zu verdrücken, ohne lange darüber nachzudenken.

Allison nicht.

Sie verdirbt sich den letzten Bissen eines mit Aufschnitt belegten Sandwiches nicht, indem sie danach die senfbeschmierten Salatblätter vom Teller pickt. Sie würde auch nie auf die Idee kommen, mit wässeriger Magermilch die Reste eines Croissants aus ihren Backenzähnen zu spülen.

Und wenn wir essen gehen, probiert sie nie von meinem Essen, nachdem sie ihres beendet hat. »Das kann gar nicht besser schmecken als meine Ravioli«, sagt sie achselzuckend. »Ich will meinen Ravioli-Geschmack behalten.« Und dabei bleibt es dann auch.

So sind Nachgeschmack-Fanatiker eben. Haben sie einen leckeren Geschmack gefunden, bleiben sie ihm treu.

Allison ist nicht die Einzige. Schau dich selbst an. Wo bist du gerade, im Bett, im Flugzeug, oder liest du am Strand? Und nickst du? Es gibt viele wie dich, auch wenn ihr keine Anstecknadeln tragt und nicht miteinander chattet. Das ist ganz einfach: Wenn du darauf achtest, dass für den letzten Rest Eigelb noch eine Brotkruste übrig bleibt, dann bist du einer von ihnen.

Und das ist etwas Positives, keine Sorge.

Diese Art der Essenseinteilung ist berechtigt und verdient Respekt. Du kommst, mampfst und gehst mit einem köstlichen Geschmack im Mund zufrieden nach Hause. Daran ist nichts auszusetzen.

Leider ist es selbst für Profis nicht immer ein Zuckerschlecken. Manche Gerichte stellen selbst dem größten Geschmacksexperten ein Bein. Fade Nachos am Fuße eines Nacho-Bergs mit Käse-Salsa etwa oder das trockene Ende eines belegten Brötchens. Und der schlimmste Fall: die hohle, nach Pappkarton schmeckende Spitze einer Eiswaffel.

Eiscreme sieht so harmlos aus – und ist es anfangs auch. Die serviettenumhüllte Waffel landet in deiner Hand, und du leckst die Eiskugeln vorsichtig an, damit der Eisberg ja nicht auf dem Gehweg landet. Dann gräbst du tiefer in die cremige Masse. Du setzt die Zunge an und drehst das Eis wie einen Maiskolben, beißt hinein oder gibst ihm einen dicken, saugenden Kuss. Und wenn es tropft, ist es aus mit Smalltalk, dann wird nur noch geleckt.

Ob du auf einem Klappstuhl im Studentenwohnheim sitzt, beim Zelten mit deinen Enkeln den Sonnenuntergang genießt, du verlierst in diesem süßen gefrorenen Traum dein Zeitgefühl, lässt dich treiben und leckst und leckst und leckst – bis du fast am Ende bist. Denn dann trifft es dich wie ein Schlag.

Entsetzt schaust du auf die Waffel. Sie ist leicht, zu leicht. Und du weißt, die letzten Waffelbissen werden hohl und fade schmecken, wenn du nicht sofort was unternimmst:

- **Möglichkeit 1: Das Vakuum.** Wenn das Eis davonschmilzt, begrenzen manche den Schaden, indem sie ihre Lippen zu einem O formen, die Waffel ansetzen und das restliche Eis aus dem Kegel saugen. Das beschert ihnen ein hundertprozentiges Eiscreme-Finish. Die leere Waffel landet im Müll.

- **Möglichkeit 2: Der Zungendrücker.** Leute mit langer Zunge sind hier im Vorteil: Sie drücken das Eis bis in die Spitze der Waffel. Sie opfern dabei nichts und haben trotzdem ein leckeres Finish. Noch ein Tipp: Je früher du drückst, desto besser wird der letzte Happen.

Ich rate dir zum Zungendrücker. Gib nicht auf, und du wirst belohnt. Dieser kleine Kelch voll schmelzendem Eis beschert dir ein cremig kühles Finish. Kein trockener, fader Pappkartongeschmack, sondern ein saftig süßes Vergnügen.

FANTASTISCH!

Wenn dich jemand unter seinen Regenschirm lässt

War wieder jemand schlauer als ich und hat einen Regenschirm dabei?

Es ist immer dasselbe: Wenn sich der Himmel plötzlich zuzieht und es gießt wie aus Kübeln, trage ich statt eines Regenschirms schwere Jeans und einen dicken Pulli, der den Regen aufnimmt wie ein Schwamm und mich in ein vollgesogenes Stück Torfmoor verwandelt. Ich bin nass bis auf die Haut und tropfe wie ein begossener Pudel. Meine Zähne klappern vor Kälte.

Darum ist es so fantastisch, wenn dir bei einem Wolkenbruch ein Freund zu Hilfe eilt und dich unter seinen Regenschirm schlüpfen lässt. Wenn jemand bei strömendem Regen unverhofft ein schützendes Nylon-Dach über dir aufspannt, hast du allen Grund zu strahlen. Denn egal, was von oben runterkommt, deine Haut bleibt trocken.

FANTASTISCH!

Multitasking beim Zähneputzen

Es gibt immer jede Menge zu tun.

Oder glaubst du etwa, die Zeitschriften neben der Toilette ordnen sich von allein? Und den Duschvorhang breitet ein unsichtbarer Badezimmer-Diener zum Trocknen für dich aus?

Diese Dinge erledigst du am besten beim Zähneputzen. Nach hundertfacher Übung geht das Schrubben deiner gelben Beißer inzwischen wie von selbst, und du hast das Zeug zum Zahnputz-Multitasker. Beim Schrubben kontrollierst du deine E-Mails, stellst den Wecker und knöpfst deinen Schlafanzug zu.

Das dauert vielleicht länger als sonst, aber gerade das ist ja der Witz. Du ziehst dir mit einer Hand die Socken aus und mit der anderen putzt du die Zähne. Das Sockenausziehen bringt dich aus dem Gleichgewicht, und du fängst dich am Badezimmerschränkchen ab. Am Ende hängt dir die Socke wie eine schlaffe Fahne vom Fuß, und schaumige Striemen zieren deine Wangen – und du kriegst dich nicht mehr ein vor Lachen.

Irgendwann hast du aber den Dreh raus. Und wenn es so weit ist, bist du offizielles Mitglied der Zahnputz-Multitasker-Gesellschaft (ZMG). Multitasking beim Zähneputzen! Das bringt dein Hirn in Schwung. Und anstatt zu träumen oder im Spiegel deine Falten zu zählen, bringst du den Zeitschriftenstapel in Ordnung und machst dich bettfertig. Dann spuckst du den weißen Schaum ins Waschbecken und gehst schlafen.

FANTASTISCH!

Parkplatz mit Vorderausgang

Rückwärts ausparken ist kein Vergnügen.

Du drehst den Kopf nach links und nach rechts, schaust in die Spiegel und stößt dann langsam zurück, immer auf der Hut, kein anderes Auto zu streifen. Ein lästiges Wenden in drei, vier oder gar fünf Zügen, das dir den Hals verrenkt, die Reifen abscheuert, den Kotflügel verbeult und dich beinahe in einen Einkaufswagen fahren lässt.

Erspar dir das, park vorwärts ein und vorwärts wieder aus. Und so wird's gemacht: Du suchst dir zwei gegenüberliegende Parklücken, fährst in die eine hinein und weiter, bis du auf der anderen stehst.

Doppelte Parklücke, doppeltes Lächeln! Du fährst lächelnd hinein und lächelnd wieder heraus.

FANTASTISCH!

FANTASTISCH!

Der Geruch von Büchern

Meine Mutter las mir früher jeden Abend eine Gutenachtgeschichte vor.

Genauer gesagt las sie mit mir. Denn wir hatten einen Deal: Sie las die linke Seite und ich langsam und stotternd die rechte. Dabei fuhr ich mit dem Finger die Zeilen entlang und ließ mir bei den langen Wörtern helfen.

Mit der Zeit arbeiteten wir uns durch einen Berg von Büchern. Wir kauften sie auf Flohmärkten, in Buchhandlungen und liehen sie in der Bücherei um die Ecke. Wir lernten Pippi Langstrumpf, das Sams und das doppelte Lottchen kennen. Manchmal gingen wir samstagvormittags in den Buchladen und suchten nach etwas Besonderem.

Ich liebte das Knarren der Holzdielen und stand oft stundenlang vor den Regalen oder unterhielt mich mit dem netten vollbärtigen Buchhändler mit der silbernen Lesebrille und dem selbst gestrickten Wollpulli. Ich sog die Buchladenluft tief in mich ein: Sie roch nach frischem Papier, Pappkartons, Klebstoff und einem Hauch von Kaffee.

Der Geruch von Büchern erinnert mich an das abendliche Büffeln zwischen den Regalen der Unibibliothek. Oder ich sehe mich mit einem spannenden Krimi auf einem warmen Badetuch am Strand liegen. Es ist der Geruch der Lexikonbände im Wohnzimmerregal meiner Eltern, aus denen ich mir einst in letzter Minute die Infos für Referate über die Gottesanbeterin, Nigeria oder die Olympischen Spiele von 1972 holte.

Der Geruch von Büchern erinnert mich daran, wie ich lesen lernte und in Büchern die Welt entdeckte.

Wenn ich durch einen Buchladen spaziere und die vollen Regale sehe, denke ich an die unzähligen Geschichten, die es auf den Buchseiten zu entdecken gibt. Ganze Leben wurden darin investiert, die Welt zu beschreiben, Experimente zu dokumentieren, Rätsel zu lösen und Sprachen zu unterrichten, uns das Kochen und die Gartenarbeit beizubringen und uns auf Reisen in fremde Länder zu begleiten.

Der Geruch von Büchern! Das ist Wissen, Unterhaltung und Dokumentation für das Heute und das Morgen. Eine Nase voll Menschheit und eine Nase voll Weisheit.

FANTASTISCH!

In einer Schlange anstehen, bevor sie endlos lang wird

Es gibt sie überall – kurze, lange, gerade oder kurvige. Bist du stark genug für die Top Five der schlimmsten Warteschlagen?

5. **Die Flughafenkontrolle.** Hier herrscht nervenaufreibendes Chaos: Plastikwannen werden vom einen zum anderen gereicht, Taschenschlösser aufgemacht und Laptops aus- und wieder eingepackt. Bei Omas piept es, Kontrolleure durchwühlen Rucksäcke, Fluggäste ziehen Gürtel und Schuhe aus – und über allem schwebt der Geruch von Schweißfüßen.

4. **Die Bank freitags in der Mittagspause.** Manchmal kommst du nicht einmal an den Automaten, weil der vor dir vier Einzahlungen macht.

3. **Die Schlange beim TÜV.** Bremskontrolle, Abgasuntersuchung, Plakette erneuern – das kann dauern.

2. **Die Kino-Toiletten bei Filmende.** Schrecklich, wenn die Schlange bis zur Tür reicht. Du machst sie auf und hättest gute Lust, auf dem Absatz kehrtzumachen: Vor dir stehen die Leute eng an eng mit verschränkten Armen und angespannten Gesichtern und treten unruhig auf der Stelle. Eine Sardinendose voll prall gefüllter Blasen. Kein schöner Anblick.

1. **Umtauschschlangen nach Weihnachten.** Das sind die schlimmsten. Besser stellst du dich gar nicht erst an, behältst die Eismaschine und den trendigen Flaschenöffner und ertränkst zu Hause deinen Frust mit einer Flasche Syrah aus Frankreich oder Kalifornien und einer Schale Zitronensorbet.

Warteschlangen! Manchmal entkommst du ihnen, manchmal verschlingen sie dich. Eines ist jedoch sicher: Sich in einer Schlange anzustellen, die kurz danach zu einer endlos langen Riesenschlange mutiert, ist ein tolles Gefühl.

Wenn du dich als Erster durch das Labyrinth der Absperrbänder schlängelst, es vor dem Mittagsansturm in die Imbissbude schaffst oder auf der Zulassungsstelle den Angestellten erwischst, der gerade aus der Pause kommt: Fühlt sich das nicht an, als hättest du dem System ein Schnippchen geschlagen?

Beim Anblick der wartenden Massen hinter dir kannst du dein Glück kaum fassen und schüttelst mit einem wehmütigen Lächeln den Kopf, denn du weißt, bald wird es auch dir wieder so gehen.

Aber diesmal bist du davongekommen und das ist einfach …

FANTASTISCH!

Mit frisch rasierten Beinen unter frisch gewaschene Laken schlüpfen

Stoppelfreie Beine und kühle, frische Laken sind die beste Voraussetzung für eine seidig glatte Fahrt ins Land der Träume – hab ich mir sagen lassen.

FANTASTISCH!

Der Benzinpfeil

Gib's zu, dir ist das auch schon mal passiert: Du fährst an die Zapfsäule und bemerkst beim Aussteigen, dass der Tankdeckel auf der anderen Seite ist.

Bei meinen Autos war es unterschiedlich, manche hatten den Deckel auf der Fahrerseite, manche auf der Beifahrerseite. Und wegen meiner Neigung zur Tankdeckel-Vergesseritis parke ich ständig auf der falschen Seite. Zwar versuche ich, beim Hinfahren die Tankdeckelwölbung im Rückspiegel zu entdecken, oder strecke dafür sogar den Kopf zum Fenster hinaus. Doch obwohl ich mir einbilde, sie gesehen zu haben, parke ich wieder verkehrt. Dann schlage ich wütend mit der Faust auf den Kofferraum und wende umständlich in sieben Zügen, um noch rechtzeitig vor dem Nächsten an die richtige Zapfsäule zu fahren.

Es ist zum Mäusemelken!

Doch es gibt Rettung für Leute wie mich! Vor Kurzem schaute ich auf meine Benzinanzeige und machte eine folgenschwere Entdeckung: War da doch tatsächlich ein Pfeil neben dem Zapfsäulen-Symbol! Der Benzinpfeil! Es gibt ihn wirklich. Ein Blick und du weißt, wo die Öffnung ist. So praktisch und trotzdem vom Marketing offensichtlich unbeachtet. Denn niemand aus meinem Bekanntenkreis wusste davon.

Schau einfach auf den Benzinpfeil, diesen erstklassigen Kumpel, der dir diskret die Richtung weist. Das ist wie das Licht einer Taschenlampe in einem dunklen Schrank auf dem Speicher oder ein Leuchtturm auf einer nebligen Pier. Vorbei die hektischen Blicke in den Rückspiegel, vorbei die peinlichen Wendemanöver. Mit dem Benzinpfeil tankst du stets korrekt und souverän.

Vielleicht haben Autos ja bald auf beiden Seiten eine Tanköffnung, oder das schnurlose Tanken wird erfunden. Aber bis es so weit ist, besten Dank, Benzinpfeil! Du machst uns das Tanken leichter!

FANTASTISCH!

Schneefall an Heiligabend

Wenn an Heiligabend dicke Schneeflocken vom Himmel fallen, ist das etwas ganz Besonderes. Sie verzaubern die Welt und werfen über alles eine blütenweiße, makellose Decke. Wenn du mit deinen Lieben in der warmen Stube sitzt, Plätzchen isst und Weihnachtsliedern lauschst, dann wirf auch einen Blick aus dem Fenster und genieß die weiße Pracht.

FANTASTISCH!

Mit einem Baby spielen, ohne die Windeln zu wechseln

Spar dir dein Geld.

Babys interessieren sich nicht für Puppen, Brettspiele oder Baseball. Sie spielen lieber Guck-guck und Kuchenbacken, zerreißen Geschenkpapier, lassen Gläser vom Tisch fallen oder stecken in alles Mögliche ihre Pfoten.

Mit Babys zu spielen macht Riesenspaß.

Du musst nicht nach Batterien oder Würfeln kramen oder deine Schuhe anziehen. Babys sind genügsam. Du schneidest einfach ein paar Fratzen, sprichst mit Babysprachen-Stimme und lässt deine Hand wie ein Flugzeug durch die Luft sausen. Und schon lachen und kichern sie – und du fühlst dich wie der beste Entertainer.

Eine tolle Sache!

Bis zu diesem speziellen Moment am Nachmittag. Du weißt, was ich meine. Mami oder Papi kommen herein, schnappen sich das Baby und werfen einen Blick in die Windel, wo die Schokoladenfabrik mal wieder Überstunden gemacht hat.

Die Feststellung »Da muss wohl jemand gewickelt werden!« ist das Stichwort, bei dem du dich klammheimlich vom Acker machst. Die Party ist vorläufig zu Ende, doch sie startet schon zehn Minuten später mit frischen Windeln. Dann tauchst du wie zufällig wieder auf und fragst: »Können wir weiterspielen?«

FANTASTISCH!

Das letzte bisschen Saft aus einer Batterie quetschen

Es passiert grundsätzlich dann, wenn du es am wenigsten erwartest.

Du liegst spät abends auf dem Sofa, zappst zwischen Talkshows und einem Fußballspiel hin und her, und plötzlich streikt der Lautstärke-Regler. Du drückst fester, bis sich schließlich etwas tut. Aber du weißt, das funktioniert nicht lange. Die Batterien deiner Fernbedienung geben den Geist auf, und es wird Zeit für das Fünf-Punkte-Programm zur Batterienothilfe:

1. **Abwarten und Tee trinken.** Das ist die Methode der Laien. Sie lassen die Fernbedienung eine Weile liegen und probieren es dann noch mal. Wenn das dein einziger Trick ist, hast du noch viel zu lernen.

2. **Das Drehen und Wenden.** Das ist eine einfache, aber sehr effektive Methode. Dreh ein bisschen an den Batterien herum, und probier es dann noch mal – ohne Gewähr.

3. **Die Reibe-Methode.** Manche schwören darauf: Du holst die Batterien raus und reibst sie fest gegeneinander. Mein Schwager Dee behauptet, das lädt sie auf. »Wegen der Ionen«, sagte er einmal mit ernster Miene. Hoffen wir, das stimmt. Ansonsten auf zum nächsten Versuch!

4. **Das Polaroidfoto-Schütteln.** Unser Physiklehrer hat uns beigebracht, dass das Schütteln die Säure in den Batterien in Be-

wegung bringt und so die Batterien wieder funktionieren. Ich sage ja nicht, dass er ein guter Lehrer war. Du siehst außerdem ziemlich dumm dabei aus, also probier das besser nicht vor Publikum.

5. **Die Robin-Hood-Methode.** Angenommen, deine Digitalkamera und deine DVD-Player-Fernbedienung haben die gleichen Batterien, nur sind die in deiner Digitalkamera fast leer und die in der Fernbedienung fast voll. Wenn du die vollen Batterien der Digitalkamera spendest und deren leblose Organe in die Fernbedienung implantierst, ist das, als würdest du von den Reichen stehlen und den Armen geben. Ein herrliches Gefühl!

Ich wette, wir alle haben diese Methoden schon mehr oder weniger erfolgreich durchprobiert. Dabei haben wir eigentlich keine Ahnung, wie die Dinger funktionieren. Oder weißt du etwa, was in so einer Batterie steckt? Ich habe keinen Schimmer.

Wenn ich raten müsste, würde ich sagen, die Säure in Batterien wird aus der Rinde einer seltenen Baumart gewonnen, die in einem kleinen Inselstaat wächst, und ist dort der Exportartikel Nummer eins. Und obwohl die Bevölkerung auf der Insel kaum über die Runden kommt, leben dort steinreiche Batteriesäure-Magnaten, die Champagner schlürfend in Wohnzimmersälen voller ferngesteuerter Autos, sprechender Puppen und schnurloser Radios sitzen.

Egal, aus welchem Stoff sie sind, egal, woher sie kommen – wenn du aus einer Batterie das letzte bisschen Saft quetschst, fühlst du dich wie Dr. Frankenstein.

»Erhebe dich!«, rufst du deiner Fernbedienung zu. »Erhebe dich, erhebe dich, erhebe dich!«

Draußen zucken Blitze, und Donner grollen, während das Lautstärke-Symbol auf dem Bildschirm erscheint und langsam höher steigt.

FANTASTISCH!

Wenn du auf der Heimfahrt spät in der Nacht auf dem Rücksitz einschläfst

Eine Mondnacht, weiche Plüschsitze und ein leises Motorengeräusch vereinen sich wunderbar zu einem lauschigen Schlafplatz auf einem nächtlichen Nachhauseweg.

Ob als Baby im Babysafe, als Teenager nach einer Party oder als Oma, die im Taxi vom Bingo-Abend nach Hause fährt – es gibt keine angenehmere Art, ins Land der Träume hinüberzugleiten, als in einem rostigen Volvo, der langsam über Land tuckert.

Die Reifen rumpeln sanft über leere Straßen, nur gelegentlich tauchen hinter einem Hügel Scheinwerfer auf, wärmen deine Augenlider und huschen vorüber. Dann herrscht im Auto wieder tiefe Dunkelheit, bis auf das fahle Licht am Armaturenbrett.

Babys genießen auf solchen Heimfahrten sogar einen ganz besonderen Service: Sie tragen flauschige Schlafanzüge unter ihrem Schneeanzug und werden bei der Ankunft zu Hause ins Bett getragen. Da ist man wirklich versucht, sich schlafend zu stellen.

FANTASTISCH!

Auf den Cent genau zahlen

Stell dir vor, es ist Ferienzeit, und du bist Kassierer in einem stark besuchten Laden.

Du machst deinen Job gut und hast Erfahrung. Die Produkt-Codes kennst du längst auswendig, und im Eintüten schlägt dich so schnell keiner. Du hältst dem Ansturm stand, fertigst einen Kunden nach dem anderen ab, ziehst in Windeseile Kreditkarten durch die Maschine, und deine Kasse ist die begehrteste im ganzen Laden.

Nichts kann dich stoppen. Du bist der effizienteste Kassierer der Welt.

Und hast du schon so viel Zeit hinter einer Kasse verbracht, dass du davon Krampfadern bekommen hast, weißt du auch: Das Einzige, was einem alten Kassierhasen wie dir ein Bein stellen kann, ist …

… mangelndes Wechselgeld.

Und das kommt oft ganz schnell. Erst geht noch alles wie geschmiert, bis du plötzlich verlegen zum nächsten Kunden aufschaust und dich wortreich entschuldigst, während du ihm einen Haufen kleiner Münzen in die Handfläche füllst. Du schaust besorgt auf die lange Schlange und hoffst inständig, dass eine neue Kasse aufmacht, solange du auf Wechselgeld wartest. Ein unangenehmes Gefühl. Allein der Gedanke daran lässt alte Kassierhasen erschaudern.

Deshalb lieben Kassierer Kunden, die passend zahlen. Und tatsächlich profitieren beide davon: Der Kassierer bekommt Wechselgeld, und der Kunde wird sein lästiges Kleingeld los.

Und dann gibt's da noch den absoluten Superknaller! Wenn du passend zahlst und dafür jede einzelne Münze in deinen Taschen brauchst. Angenommen, du hast acht Münzen und kommst damit auf 74 Cent. Und du musst 5 Euro und 74 Cent bezahlen. Das fühlt sich fast an wie sechs Richtige im Lotto. Auf den Cent genau zahlen!

FANTASTISCH!

Absolute Stille

FANTASTISCH!

Der Geruch von Benzin

Hast du schon mal an einer Tankstelle für eine Nase voll Benzinduft das Fenster heruntergekurbelt oder beim Tanken ein paar Tropfen Benzin auf dein T-Shirt fallen lassen für das Schnuppern auf der Fahrt? Dann weißt du, dass Benzingeruch zu den einfachsten Freuden gehört.

Viele sagen, Benzin einzuatmen ist schädlich fürs Gehirn, und behaupten steif und fest, dass die flüchtigen Kohlenwasserstoffe dein ganzes Schaltsystem lahmlegen können. Das ist ungefähr der gleiche Effekt, als würdest du in einer Restaurantküche einen Sack voll Ratten öffnen oder in die Belüftungsöffnung deines Laptops Cola gießen. Und weißt du was? Vielleicht haben sie recht. Benzindämpfe einzuatmen tut deiner Gesundheit nicht gut. Das ist unbestreitbar. Aber das bisschen Benzingeruch an einer Tankstelle? Da ist das letzte Wort noch nicht gesprochen.

Ich weiß nicht, warum, aber wenn mein Vater mit unserem alten Kombi zur Tankstelle fuhr, musste ich einfach aussteigen und die warme Benzinluft schnuppern. Ich kam mir dabei vor wie ein Waldarbeiter, der mit einer Tasse Kaffee in der Hand aus seiner Hütte tritt, oder wie ein Bäcker, der ein Tablett mit heißen Buttercroissants aus dem Ofen holt, oder ein Weinprüfer, der ein Glas Merlot vor seiner Nase schwingt.

Für ein Kind aus der Vorstadt verhält es sich mit Benzingeruch ebenso. Es ist einfach einer dieser tollen Gerüche im Leben, der dir etwas sagt – der über dich etwas sagt. Der sagt, woher du kommst und woran du glaubst.

FANTASTISCH!

Dein Kissen

Ich war mit meinen Freunden Ty und Chris auf einem Highway durch New Mexico unterwegs – ich fuhr, Ty saß auf dem Beifahrersitz und Chris hinten –, als Ty plötzlich in unser Schweigen hinein fragte: »Seit wann hast du dein Kissen?«

Auf einer langen Fahrt bist du dankbar für solche Zufallsfragen, weil du »Ich sehe was, was du nicht siehst« und die vier Mixtapes, die du auf die Reise mitgenommen hast, ziemlich schnell satthast. Ich dachte eine Weile nach und sagte dann ernst: »Ehrlich gesagt, hab ich mein Kissen, solange ich denken kann. Es ist schon ganz zerschlissen, flach gedrückt und hat einen Haufen Flecken. Aber ich kann mich nicht von ihm trennen. Ein so bequemes, flaches Kissen ist schwer zu finden. Deshalb behalte ich es wohl, bis es auseinanderfällt oder verloren geht.«

Ich schaute weiter geradeaus und drehte am Radio herum, Ty aber starrte mich entsetzt von der Seite an. Einen Moment war er sprachlos. »Weißt du«, begann er schließlich mit einem sorgenvollen Stirnrunzeln und einem leicht apathischen Kopfnicken, so als wollte er sich selbst davon überzeugen, dass das, was er gleich sagen würde, gesagt werden musste, egal, wie ernst die Nachricht war: »Du solltest ein Kissen nie länger als ein Jahr behalten. Ansonsten ist das echt schädlich für dich.«

»Ach was«, sagte ich und fand endlich einen Radiosender. »Es ist doch nur ein Kissen.«

»Das ist es ja gerade«, erwiderte Ty. »Nach so langer Zeit ist das eben kein Kissen mehr, sondern eine Ansammlung von Schuppen, Milben und Sabber. Die reinste Bakterienbrutstätte. Ich schwör's dir, ich hab das im Fernsehen gesehen.«

Einen Moment war es still, bis ich Tys Bemerkung schließlich mit einem überheblichen »Phhh« abtat, meine Sonnenbrille aufsetzte und das Radio lauter drehte.

Ty bemühte sich nicht weiter, mich zu überzeugen, sondern überließ mich lieber den schauerlichen Folgen meiner Starrköpfigkeit. Und so fuhren wir weiter schweigend den Highway entlang.

Ich verdrängte, was Ty gesagt hatte. Ich wollte einfach nicht akzeptieren, dass es vielleicht angebracht wäre, mein Kissen zu wechseln. Denn könnte je ein anderes Kissen das eigene Kissen ersetzen? Jede Nacht hat es deinen Kopf weich gebettet, wurde geschüttelt, gedrückt, verpackt und gedreht. Es ist ein bisschen gelb und fusselig, aber es kennt dich und verwöhnt dich – und das schon, seit du denken kannst.

Ein Komiker hat sein Kissen mal als Verband aus dem Bürgerkrieg beschrieben. Und mein Kissen kann da wahrscheinlich mithalten. Manchmal kommt es mir sogar vor wie ein Verband, der zärtlich meinen matten Kopf liebkost und ihm jede Nacht von Sonnenuntergang bis Sonnenaufgang von einem harten Tag Erholung gönnt.

Deshalb schlafe ich auch nirgendwo sonst so gut wie daheim – es sei denn, ich nehme mein Kissen mit. Ich weiß, es sieht ziemlich blöd aus, mit einem Kissen unterm Arm bei jemandem aufzutauchen, aber was soll's. Ich riskier doch nicht, dass man mich auf einem dieser fadenscheinigen Styropor-Säcke schlafen lässt, die nicht einmal den Namen Kissen verdienen. Ganz zu schweigen von den aufgeblähten Hotelkissen oder dem ausgeflippten ergonomischen Mist, bei dem du glaubst, du liegst auf einer Rollstuhlrampe.

Nein, das eigene Kissen ist nicht zu ersetzen. Oder hast du etwa schon mal mit jemand anderem die Kissen getauscht? Na also!

Dein Kissen ging mit dir durch dick und dünn, durch jeden Alptraum und durch jede tränenreiche Nacht. Kein Kissen kennt dich so gut wie deins. Pennst du heute Nacht also bei jemand anders, dann pack dein Kissen ein! Du hast vielleicht weniger Platz im Koffer, aber dafür garantiert eine erholsame Nacht und einen guten Schlaf.

Probier es selbst aus, wenn du mir nicht glaubst!

FANTASTISCH!

Wenn etwas Handgeschriebenes in deinem Briefkasten liegt

Der Blick in den Briefkasten kann frustrieren.

Manchmal öffnest du ihn, und er ist leer. Kein Brief, keine Broschüre – einfach nur gähnende Leere. Und du hast das Gefühl, die Welt hat dich vergessen.

An anderen Tagen entdeckst du einen Stapel Rechnungen und Reklamezettel. Jemand verkauft Klimaanlagen, die nächste Rate für dein Auto ist fällig, und der Pizzabäcker am Ende der Straße hat eine neue Pizza im Programm. Gut zu wissen, aber doch irgendwie alles langweiliges Blabla, oder?

Deshalb ist es ein ganz besonderes Ereignis, wenn du etwas Handgeschriebenes in deinem Briefkasten entdeckst. Diese vom Aussterben bedrohten kleinen Sendungen haben nämlich ihren ganz persönlichen Reiz:

- **Man kann die Tinte fühlen.** Wenn du einen Volltreffer landest, kommst du in den einzigartigen Genuss eines mit Tinte beschriebenen Meisterstücks. Das Papier ist auf beiden Seiten beschrieben und raschelt zwischen deinen Fingern. Das ist was Handfestes, Ehrliches – als hätte der Absender ein bisschen von sich selbst in den Briefumschlag gesteckt und dir geschickt. Wenn ich ein Baum wäre, würde es mich mit Stolz erfüllen, wenn meine sterblichen Überreste für einen solchen Brief verwendet würden.

- **Diese Briefe duften.** Natürlich ist es kein starker Duft, aber einen zarten Hauch von Handcreme oder Parfüm hat jeder Brief. Und das ist allemal besser als der Geruch von maschinell Gedrucktem, vor allem wenn die Druckfarbe billig ist und an den Knickstellen vom Papier abbröselt. Dann hast du den Mist auf der Hose oder unter den Fingernägeln – und wofür? Damit dich deine Visa-Bank über ihren neuen Zinssatz informieren kann?

- **Ein Gesamtkunstwerk.** So ein handschriftlicher Brief sieht nicht nur anders aus und fühlt sich anders an als gedruckte Briefe. Er ist etwas ganz Persönliches: eine Hochzeits-Dankeskarte in einem kleinen roten Umschlag mit transparentem Seidenpapier und einer sorgsam platzierten Briefmarke oder ein Brief mit Tintenflecken und Dreckspuren von deinem Sohn aus dem Ferienlager. Die Briefe sind dick gefaltet und die prall gefüllten Umschläge wurden sorgfältig mit Spucke zugeklebt und handschriftlich adressiert.

- **Jeder Brief ein Original.** Kein handgeschriebener Brief gleicht dem anderen. Du weißt genau, dass der Absender viel mehr Zeit fürs Schreiben gebraucht hat als du fürs Lesen. Und er hat ihn allein für dich geschrieben – von Hand, mit seinem Füller und seinem Papier –, und er hat dafür bezahlt, ihn dir zu schicken. Du kannst von mir aus noch so hartherzig sein, aber du musst zugeben: Das macht doch mächtig Eindruck.

Aber weißt du, warum wir uns hauptsächlich so sehr über einen handgeschriebenen Brief freuen? Weil wir verdammt selten einen bekommen. Für die meisten von uns ist es wahrscheinlicher, mitzuerleben, wie Bigfoot vom Kometen Halley erschlagen wird, während er auf dem Ungeheuer von Loch Ness reitet, als einen liebevoll geschriebenen Brief von einem Freund zu erhalten.

Also hüte diese Briefe wie einen wertvollen Schatz. Und wenn du keine bekommst, schreib selbst ein paar, und du wirst sehen, dass man dir antwortet.

FANTASTISCH!

Polsterburgen bauen

Im Wohnzimmer eine Festung zu bauen, ist kein Kinderspiel, sondern eine Lektion in Teamwork, Vertrauen und Kriegsführung. Hier sind die sechs Schritte für den Bau deiner heimischen Festung:

- **Schritt 1: Platz schaffen und Material sammeln.** Schnapp dir den Couchtisch, schaff Spielzeug und Pflanzentöpfe aus dem Weg und such nach Baumaterial: Sofapolster natürlich, aber auch Kissen, Laken und Schlafsäcke. Wenn deine Eltern einen neuen Kühlschrank gekauft haben, sicherst du dir natürlich den Pappkarton, in dem er geliefert wurde. Dann hat deine Burg nämlich schon den ersten Raum.

- **Schritt 2: Das Fundament legen.** Manche schwören auf die Schlafsack-Teppichboden-Technik, andere fangen mit den Wänden und dem Dach an. Für die Wände eignen sich Stühle, Sofarücken, auf die Seite gekippte Couchtische oder Kissenstapel. Für das Dach wirfst du einfach ein paar Laken über die Wände und hältst die Ecken mit einer Trivial-Pursuit-Schachtel, Hanteln oder einem Bügeleisen am Boden.

- **Schritt 3: Die Ausstattung.** Deine Festung braucht Fenster, durch die du nach Feinden Ausschau halten kannst, einen geheimen Hinterausgang für den Fall eines Überraschungsangriffs und Taschenlampen, damit du dich auch nachts in diesem schroffen Teppichgelände zurechtfindest. Nicht zu vergessen natürlich ein Fernseher mit Videospielen für die langen, einsamen Nächte in den Burgmauern.

- **Schritt 4: Verstecke.** Jede Festung sollte für den Ernstfall Verstecke haben, zum Beispiel hinter einer falschen Kissenwand oder unter einem Haufen dreckiger Decken. In ruhigen Zeiten geben solche Verstecke prima Kerkerzellen ab, in denen du deine Gefangenen in den Schwitzkasten nehmen und sie zwingen kannst, dir stundenlang beim Computerspielen zuzuschauen.

- **Schritt 5: Essensvorräte.** Ohne Essen geht es nicht. Also sieh zu, dass du an Vorräte kommst. Eine Packung Cracker, eine Tüte Müsli und ein paar Flaschen Wasser sollten fürs Erste reichen. Wir sind ja schließlich im Krieg.

- **Schritt 6: Der letzte Schliff.** Jetzt geht es an die Feinausstattung. Dazu gehören Torklingeln aus sprechenden Puppen, ein Periskop aus Pappkarton und ein Streifen Luftpolsterfolie unter der Fußmatte am Eingang, der dich vor Eindringlingen warnt.

Du hast es geschafft: Deine unbezwingbare Plüschburg ist fertig, und du brauchst jetzt nur noch hineinzukriechen und ihre kuscheligen Mauern zu verteidigen.

Polsterburgen fördern an Regentagen unsere Kreativität. Wir planen, entwerfen, bauen und ruhen uns schließlich in dem dunklen Gemäuer aus. Kinder haben heute nur selten ihre Ruhe. Die Eltern behalten sie im Garten im Auge, machen mit ihnen Familienausflüge oder bestellen für sie einen Babysitter. Diese fantastischen Polsterburgen sind ideale Rückzugsorte und noch so viel mehr: Sie sind Fledermaushöhlen, Wochenenden auf dem Land, Reisen in den Süden und geben dir die Gelegenheit, mal ganz für dich allein zu sein. Und das alles mit ein paar aufeinandergestapelten Kissen und Polstern, alten Decken und einer blühenden Fantasie.

FANTASTISCH!

Muskelkater

Stell dir vor: Ich bin letztes Jahr ins Fitnessstudio gegangen – mit Schwabbelbauch, Spaghettiarmen und strahlend weißen Turnschuhen.

Vielleicht überrascht es dich, aber ich bin nicht der sportliche, hyperaktive Schrank von Mann, sondern eher der schlaffe Knieliegestützen-Typ, der mehr Zeit damit verbringt, aus seiner Wasserflasche zu trinken, mit den Trainern zu quatschen oder herauszufinden, wie die Maschinen funktionieren, als tatsächlich zu trainieren. Ich bringe weder meine Brustmuskeln in Form noch baue ich meinen Quadrizeps auf oder trainiere meine Deltamuskeln. Ein Kurzfilm über meinen Aufenthalt im Fitnessstudio würde heißen: Stretching in Sporthosen.

Doch eines Tages hatte ich ein einschneidendes Erlebnis.

8:45 Uhr: Nach einem Schluck aus meiner Wasserflasche war ich dabei, herauszufinden, wie das Bankdrücken funktioniert, als ein nicht abreißender Strom entschlossen dreinschauender Senioren in Elasthan-Muskel-Shirts und Handtüchern über den Schultern an mir vorbei in den Aerobicraum lief. Man hätte denken können, dort gibt es Haferflocken umsonst, denn diese fitten Opas führten etwas im Schilde. Ich fragte einen der Trainer, was da los sei, und er sagte, dass gleich das »Rekruten-Training« anfange.

Sofort schossen mir Bilder von Soldaten in Tarnanzügen durch den Kopf, die durch schlammige Schützengräben robben oder sich im Dschungel an Lianen über schäumende Stromschnellen schwingen oder auf dem Dach eines ausgebrannten Autos stehen und einhändig mit Maschinenpistolen herumballern. Meine Neugier war geweckt, und ich folgte dem Faltenclub in den Aerobicraum.

Du kannst dir denken, was dann passierte.

Auf dem Boden verteilt lagen Schaumstoff-Treppchen, aus den Lautsprechern dröhnten hämmernde Rhythmen und ein hünenhafter Drill-Feldwebel brüllte uns den Schweiß aus dem Leib. Im Adrenalinrausch ging es »Step hoch, Step runter, links Kick, rechts Kick und zu den Hanteln!«. Ich schickte Stoßgebete zum Himmel. Nach fünfzehn Minuten kippte ich fast aus den Latschen, während die Alten noch nicht mal schwitzten. Mein Mund war trocken, mein T-Shirt nass, und ich hatte Seitenstechen. Doch das war für Feldwebel Muskelprotz kein Grund für eine Pause, stattdessen bellte er mich an: »Nicht einbrechen! Noch zwei Minuten, noch eine Minute! Und drehen!«

Es war die Hölle.

Am Ende war ich völlig fertig und von oben bis unten schweißgebadet. Ich fühlte mich wie durch den Fleischwolf gedreht. Jeder Muskel tat mir weh. Aber weißt du was?

Ich fühlte mich gleichzeitig auch richtig gut.

Denn ich hatte das befriedigende Gefühl, es geschafft zu haben, und ich trug meine schmerzenden Glieder mit Stolz.

Wenn du deinen Schweinehund überwindest und dich selbst übertriffst, dann ist das – obwohl dir alles wehtut – einfach …

FANTASTISCH!

Durch eine sich schließende Tür huschen, ohne anzustoßen

Das sorgt für den kleinen Adrenalinstoß für zwischendurch.

Plötzlich verwandelst du dich vom Büroangestellten auf dem Heimweg in Indiana Jones, der in letzter Sekunde unter einer herabsinkenden Wand hindurchrollt. Wendig wie eine Schlange und ohne die Tür zu berühren, huschst du durch, schaust nicht zurück und hoffst, dass sie niemandem im Gesicht landet.

FANTASTISCH!

Schneefrei haben

Bringen wir einmal Licht ins Dunkel und schauen wir uns die drei Arten von Schneefrei an:

1. **Das absehbare Schneefrei.** Deine Stadt wird komplett eingeschneit, und überall liegt meterhoch der Schnee. Es ist abzusehen, dass es ein paar Tage dauern wird, bis die Straßen wieder frei geräumt sind, also gibt es im Voraus Schneefrei. Das ist mit Sicherheit ein gutes Schneefrei, allerdings ohne Vorfreude. Deshalb der schwächste Typ.

2. **Das höchstwahrscheinliche Schneefrei.** Dazu kommt es, wenn es am Abend zuvor stark schneit. Das Radio meldet Unfälle durch Glatteis. Die Leute setzen sich ans Fenster und lauschen den Wettervorhersagen. Dann gibt es höchstwahrscheinlich Schneefrei, und du gehst mit der Vorfreude auf den nächsten Morgen ins Bett. Deshalb ist der Abend vor dem Schneefrei schon fast so schön wie der freie Tag selbst. Du schmiedest Pläne, schiebst die Hausaufgaben auf und verabredest dich mit Freunden. Natürlich kannst du Pech haben und am Morgen scheint die Sonne – und die Straßen sind frei. Aber das ist selten.

3. **Das überraschende Schneefrei.** Das ist der absolute Volltreffer. Kein Mensch vermutet etwas am Abend zuvor. Abendessen, Hausaufgaben, Zähneputzen – ein ganz normaler Abend. Doch am nächsten Morgen klopft es an deine Zimmertür,

> und deine Mami verkündet dir das Schneefrei! Ja, das ist ein Grund zum Jubeln! Die Hausaufgaben sind gemacht, in der Schule verpasst du auch nichts, und ein ganzer Tag erstklassiges Abchillen erwartet dich. Und das Beste ist: Der Tag kann dich nicht enttäuschen. Du hattest ihn ja nicht einmal erwartet. Du willst den ganzen Nachmittag im Keller Computer spielen? Kein Problem. Einen Schneemann bauen oder mit Einfahrten-Freischaufeln dein Taschengeld aufbessern? Ich bin dabei. Festungen bauen für eine Nachbarschafts-Schneeball-schlacht? Du kannst auf mich zählen. Egal, was du machst – es wird ein Riesenspaß!

Sobald die Tage kühler werden, heißt es deshalb Daumendrücken für eine gute Schneesaison! Petrus steh uns bei! Denn wir alle wissen: Ein Schneefrei-Tag ist ein guter Tag!

FANTASTISCH!

Wenn du das erste Mal alleine fliegst

Fliegen kann Angst machen.

Der Flughafen liegt meist außerhalb der Stadt, wo du selten hinkommst. Vielleicht erreichst du ihn über die Autobahn und eine verstopfte Ausfahrt, oder du fährst mit der U-Bahn bis zur äußersten Haltestelle, wo es nach Dieselabgasen stinkt und vor Shuttlebussen wimmelt.

Und bist du erst auf dem Flughafen, wird es nicht leichter.

Auf großen digitalen Anzeigetafeln erscheinen Hunderte von Abflugzeiten, Pfeile zeigen in alle Richtungen, endlose Menschenschlangen führen zu einem Mischmasch aus Check-in-Schaltern. Koffer werden gewogen, Ausweise kontrolliert und Bordkarten gedruckt. Dann kommt der Augenblick der Trennungsangst, wenn du siehst, wie dein Koffer auf einem Förderband in einem Tunnel verschwindet. Deine Papiere in der einen Hand, die Taschen in der anderen gehst du an nach Bomben schnüffelnden Hunden vorbei, lässt dich vom Sicherheitspersonal abtasten und dein Handgepäck durchsuchen.

Und das ist noch lange nicht alles.

Jetzt gilt es, das richtige Gate zu finden und undeutliche Lautsprecheransagen über Verspätungen und Flugausfälle zu verstehen. Nachdem du zum zweiten Mal deine Unterlagen kontrolliert hast und sicher bist, am Gate für New York und nicht für Neu Delhi zu sitzen, zerbrichst du dir den Kopf darüber, ob du dich zum Boarden anstellen solltest und ob im Flugzeug genug Platz für dein Handgepäck ist.

Fliegen kann Angst machen.

Und dann erinnerst du dich plötzlich an das erste Mal, als du ganz allein geflogen bist.

Der erste Flug, den du alleine meisterst, ist ein erhebender Moment. Wenn du deine Bordkarte in der Tasche hast, durch alle Sicherheitskontrollen durchgekommen bist, endlich im Flugzeug sitzt und daran denkst, was alles hätte schiefgehen können, wirst du den Moment genießen. Der Flieger hebt ab, die Stewardess schiebt dir einen Snack zu, und du kippst deinen Sitz nach hinten, schließt lächelnd die Augen und denkst daran, wie weit du es gebracht hast … gebracht hast … gebracht hast …

Vor dir tauchen verschwommene Bilder deiner ersten Radfahrversuche mit Stützrädern auf, dann siehst du dich mit acht Jahren und einem riesigen Helm auf dem Kopf zum ersten Mal ganz ohne Hilfe den Gehweg entlangfahren. Du erinnerst dich daran, wie sich deine Wohnsiedlung allmählich in einen abenteuerlichen Dschungel verwandelte, in dem es Parks und Gassen zu erforschen galt: Du hast den vertrauten Hinterhof verlassen und nach neuen Spielplätzen Ausschau gehalten, mit Freunden hast du im Tante-Emma-Laden Lutscher gekauft und Ungeziefer gesucht oder bist Rutschen hinaufgerannt. Dein Bild von der Welt hat sich allmählich erweitert.

Und das war erst der Anfang: Du erinnerst dich an deine ersten Autofahrten. Nach nervigen Tests geben dir deine Eltern zum ersten Mal die Autoschlüssel, und du erkundest neugierig und unbekümmert deine Stadt und deren Umgebung. Fernstraßen und Einkaufszentren – alles ist plötzlich in deiner Reichweite. Und du streckst lächelnd die Hand aus dem Fenster und genießt die sommerliche Brise in deinem Gesicht. Fastfood-Restaurants am anderen Ende der Stadt erreichst du jetzt im Nu, und du fährst Pommes futternd mit deinen Kumpels durch die Nacht, während deine Eltern im Schlafanzug nervös vor dem Fernseher sitzen und warten, bis du nach Hause kommst.

Ein Gong – und das Anschnallzeichen über deinem Sitz leuchtet. Du öffnest die Augen, klappst den Sitz hoch und denkst mit Blick aus dem Fenster: So weit bin ich gekommen. Jumbojets flitzen mit ihren Passagieren von Seoul nach Sydney und von Sydney nach San Francisco. Und du hast das Gefühl, dir liegt die Welt zu Füßen. Du siehst deine Stadt immer kleiner werden und fühlst dich unendlich frei.

Es ist ein berauschendes Gefühl von Freiheit und Stolz, das du bei deinem ersten Flug ohne Begleitung verspürst. Es ist das Gefühl des Erwachsenwerdens und das Gefühl, eine selbstbewusste, eigenständige Person zu sein.

FANTASTISCH!

Wenn der Boss auf Geschäftsreise ist

Wer ist noch für drei Stunden Mittagspause?

FANTASTISCH!

Wenn du auf dein T-Shirt kleckerst, und es bleibt kein Fleck zurück

Das ist uns allen schon passiert.

Aus dem Hotdog tropft der Senf, aus dem Pappbecher vom Bahnhofsbäcker platscht Kaffee, eine Eiskugel plumpst dir auf die frisch gewaschene Jeans.

Wir wissen alle, wie es ist, den ganzen Tag mit einem Fleck auf dem T-Shirt herumzulaufen, dem internationalen Beweis für Tollpatschigkeit. Ob es ein Samosafleck auf dem Sari, ein Wasabifleck auf dem Kimono oder ein Olivenölfleck auf der Toga ist, wir wissen alle, was der Fleck bedeutet: Du bist ein Tollpatsch.

Traurig, aber wahr: Du kannst das Vorstellungsgespräch vergessen, das erste Date endet früher als geplant – und du verzichtest besser auf den Toast bei der Hochzeit deiner Tochter. Sieh den Tatsachen ins Auge: Du hattest deine Chance, und du hast sie vergeigt. Ein bisschen Avocado-Püree auf der Krawatte, ein paar Tomatenspritzer auf dem Smoking – und dein Abend ist gelaufen.

Wir alle kennen das. Und wir alle hassen das.

Deshalb atmest du erleichtert auf, wenn du kleckerst und trotzdem ohne einen Fleck davonkommst. Solche Wunder geschehen auf drei Arten:

1. **Haarscharf vorbeigeschrammt.** Die Kugel Eis fällt haarscharf an deinem Hemd vorbei auf den Boden und hat nur im Knopfloch auf der Höhe deines Bauchnabels ein paar Scho-

koraspeln hinterlassen. Schwein gehabt! Nimm die Raspeln weg und fertig.

2. **Die perfekte Tarnung.** Das Bratenfett deines saftigen Roastbeefs spritzt direkt auf einen Roastbeef-Bratenfett-farbenen Streifen deines Pullovers. Du Glückspilz kannst jetzt einen ganzen Tag als getarnter Tollpatsch herumlaufen.

3. **Gegen jede Wahrscheinlichkeit.** In diesen Fällen vermeidest du den Fleck entgegen jeder Logik. Dir stiehlt jemand einen perfekten Nacho von deinem Teller und lässt die gesamte Ladung auf deinen Ärmel fallen, doch wie durch ein Wunder rutscht es weiter auf die Tischdecke – ohne auch nur den kleinsten Fleck zu hinterlassen. Auf dem Tisch kippt ein Bierglas um und tropft dir direkt auf den Schoß, doch mit einem schnellen Hosenschütteln ist alles wieder in Ordnung. So etwas können wir nicht begreifen. Das sind wahre Wunder.

Hast du trotz großem Kleckern keinen auffälligen Fleck, ist das, als hättest du mit dem Feuer gespielt und dir nicht einmal die Finger verbrannt, als hättest du dich zu weit aus dem Fenster gelehnt und trotzdem deinen Hals gerettet. Du hast schon alles verloren geglaubt, und am Ende war doch alles …

FANTASTISCH!

Wenn du das letzte Teil in deiner Größe findest

Auf der Suche nach einem schönen Top oder einer neuen Jeans streifst du durch die Kaufhäuser, du gehst in Läden rein, drehst mit prüfendem Blick eine Runde und kommst nach zwei Minuten wieder raus. Du prüfst Stoffe, schaust auf Etiketten und hältst dir vor dem Spiegel Hosen an die Hüften, beißt dir dabei auf die Unterlippe und wirfst einen unschlüssigen Blick auf das Preisschild.

So weit, so gut – bis es Nachmittag wird, du immer noch mit leeren Händen dastehst, deine Füße wehtun, dein Freund auf dem Männersofa eingenickt ist und du einen Riesendurst bekommst.

Aber so schnell gibst du nicht auf. Du streifst weiter durch die Gänge, wühlst auf Wühltischen und läufst Kleiderstangen ab. Du wirst dich so lange nicht geschlagen geben, bis du etwas gefunden hast, das du zur Kasse tragen kannst.

Also suchst du weiter, bis du es endlich entdeckst: das perfekte Top. Dort hängt es, am anderen Ende des Ladens. Dir stockt der Atem, du eilst hinüber und prüfst die Beute: die Farbe – prima, das Material – sieht gut aus, der Preis – okay, das Etikett – alles okay, aber …

Gibt es das auch in deiner Größe?

Panisch kämmst du alle Kleiderbügel durch. XL, XL, XS, XXL, verdammt! Plötzlich wird dir klar, dass du den Tag vergeudet hast. Dein Kopf schmerzt, dein Magen knurrt, und du fragst dich: War das jetzt wirklich alles umsonst?

Doch dann, wenn deine Verzweiflung am größten ist, kommt die Rettung.

Du siehst es. Die Wolken reißen auf, die Sonne strahlt, Glocken läuten und Engel singen, als dein Blick auf das absolut letzte Teil in deiner Größe fällt. Dir ist schwindlig vor Glück, denn du erlebst gerade eine der drei klassischen Versionen dieses Shopping-Happyends:

- **Happyend 1: Ganz hinten auf dem Kleiderständer.** Gerade als dir all die falschen Größen die Stimmung vermiesen, findest du ganz hinten auf dem Kleiderständer doch noch das richtige Modell. Kompliment!

- **Happyend 2: Verschollen und wiederentdeckt.** Es gibt Kunden, die schnappen sich ein Teil, überlegen es sich anders, hängen es irgendwohin, und die Verkäufer bringen es wieder an den alten Platz. Doch manchmal kommen die Verkäufer nicht nach, und du findest dein verschollenes Top im Jeansregal am anderen Ende des Ladens oder zusammengeknüllt unter einem Klamottenberg in der Umkleidekabine oder hinter dem Verkäufer an der Kasse. Kompliment!

- **Happyend 3: Gleiches Sonnensystem, anderer Planet.** Genau genommen handelt es sich hier nicht wirklich um das letzte Teil im Laden, aber es ist dennoch ein Klassiker. Und der funktioniert so: Unter herzzerreißendem Schluchzen vergräbst du dein Gesicht in den Händen und lässt so lange dicke Tränen zu Boden kullern, bis ein freundlicher Verkäufer in einer nahe gelegenen Filiale anruft und ein Top in deiner Größe für dich zurücklegen lässt. Gratulation!

Und jetzt lachst du wieder.

Du schnappst deine Tasche und läufst beschwingt den langen Weg zurück zum Auto. Hinter dem Parkplatz geht die Sonne unter, ein erfolgreicher Tag geht zu Ende, und du bist zufrieden und voller Energie. Du hattest Bewegung, dein Freund hat überlebt, und du warst produktiv: Du kamst, sahst und siegtest.

FANTASTISCH!

Auf einem Rastplatz aus dem Auto steigen und die Glieder strecken

Ich sehe was, was du nicht siehst, und das fängt mit einem U an.

Genau, eine unbequeme, lange Autofahrt.

Vielleicht sitzt du seit Stunden eingezwängt auf dem mittleren Rücksitz, einen Fuß links, einen Fuß rechts von der Mittelkonsole. Deine volle Blase sitzt in der Klemme und kann kaum mehr an sich halten. Vielleicht bist du in ein Gameboy-Spiel vertieft, oder du sitzt am Steuer und konzentrierst dich aufs Fahren.

Wo immer du sitzt, was immer du tust, du atmest auf, wenn dieses heißgelaufene Auto auf einen Rastplatz rollt.

Dann steigst du aus und streckst dich, wie du dich noch nie gestreckt hast. Vor die Arme, hoch die Arme, hoch bis zum Himmel, du stemmst die Hände in den Rücken, dehnst deinen Nacken, lässt den Kopf langsam kreisen und gibst dabei unzählige erleichterte Ohhhs und Ahhhs von dir. Vielleicht stellst du dich auf die Zehenspitzen und fühlst, wie deine kalten, steifen Muskeln zu neuem Leben erwachen. Du spürst, wie sich deine Achillessehne dehnt und ob der neuen Freiheit Freudentränen vergießt.

Und jetzt aber ab aufs Klo!

FANTASTISCH!

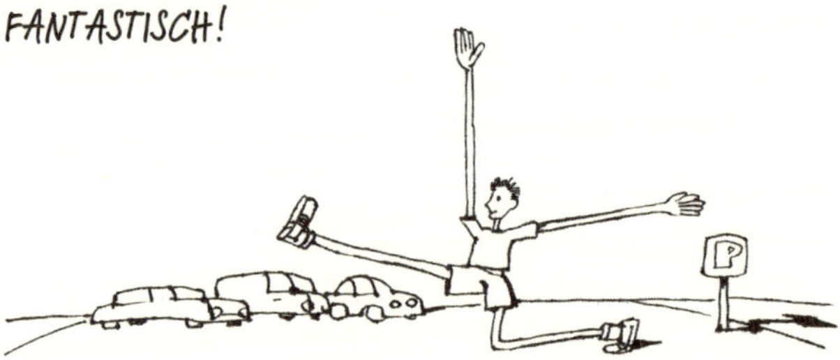

Nickerchen einplanen

Ist Aufstehen für dich auch jeden Morgen ein Kampf? Ein nicht enden wollendes Drama zwischen deinem wachen Ich und deinem schlafenden Ich? Und beide Seiten bleiben hart und liefern sich jeden Morgen einen erbitterten Kampf.

Ginge es nach unserem Unterbewusstsein, würden wohl viele von uns den ganzen Tag faul in den Laken liegen und in einer Traumwelt dösen.

Du weißt, wie das ist: Abends bist du ein vernünftiges Mädchen mit einem vernünftigen Plan. »Morgen früh gehe ich vor der Arbeit noch joggen«, sagst du dir. »Und danach gibt's eine Schüssel Müsli.« Doch am nächsten Morgen macht dir dein müdes schlafendes Ich einen Strich durch diese edlen Pläne.

»Schlafen wir noch eine Runde«, schlägt es überzeugend vor, als der Wecker klingelt, und lässt dich auf die Schlummer-Taste drücken. »Wir hören uns um neun wieder.«

In letzter Zeit habe ich versucht, mein schlafendes Ich mit den einzigen Waffen auszutricksen, die ich kenne: 1) Ich habe den Wecker weit vom Bett weggestellt, damit mein waches Ich Zeit hat, in die Gänge zu kommen. 2) Ich habe die Zeit extrem knapp eingestellt, um meinem schlafenden Ich Angst zu machen, ich komme zu spät zur Arbeit.

Doch irgendwann funktionierte dieses Spiel nicht mehr, und ich musste mir eine neue Taktik überlegen: Ich versuche jetzt, beide glücklich zu machen, mein schlafendes Ich und mein waches Ich. Ich schlummere und komme trotzdem rechtzeitig zur

Arbeit. Wie das geht? Ich plane Nickerchen ein. Sie sind jetzt fester Bestandteil meines Tagesablaufs und haben somit endlich die Anerkennung, nach der sie sich schon so lange sehnen.

Du musst um 8:00 Uhr aufstehen? Kein Problem, dann stell deinen Wecker auf 7:30 Uhr. Damit wirfst du deinem schlafenden Ich einen Knochen vor die Füße und stellst es mit drei erholsamen Nickerchen zufrieden. Und auch du profitierst, denn diese Extraminuten Dösen fühlen sich oft an wie Stunden – die lebhaften Träume und der frische Sabber auf deinem Kissen sind der beste Beweis dafür. Du erwachst erholt und mit einem zufriedenen Lächeln auf den Lippen.

Und das Beste: Wenn dich später am Tag jemand fragt, wie du geschlafen hast, ist deine Antwort:

FANTASTISCH!

Neue Socken

Reiß die Packung auf, schneid die Plastiknadeln durch, und zieh den Aufkleber ab! Heute gibt es neue Socken. Lass die Sektkorken knallen und die Luftballons steigen! Das ist ein magischer Moment.

Neue Socken sind ein fantastisches Geschenk für deine Füße. Wir haben schon davon gesprochen, wie übel sie dran sind. Zehen werden verstaucht, trockene Haut wird abgerieben, auf deinen kleinen Zehen wachsen Hühneraugen. Und waren deine trockenen, rissigen Fersen mal wieder den ganzen Tag in enge Schuhe gezwängt, stimmst du mir sicher zu: Deine Füße verdienen eine wirklich königliche Behandlung. Wenn es neue Socken gibt, sind deine Füße keine vergessenen Krieger in einer schäbigen Rüstung aus trockener Haut und alten Baumwollfetzen. An diesem Tag sind sie in feine, fabrikfrische Stoffe gehüllte Könige.

Neue Socken sind eine Wohltat für geschundene Füße. Sie verhelfen dir zu neuer Leichtfüßigkeit und lassen Kinder von Zukunftswelten ohne Reibung träumen.

Was ist befriedigender, als nach einem Tag in neuen Socken die Fusselfetzen von den Zehen zu pulen? Du fühlst dich wie ein begnadeter Chirurg im babyblauen Chirurgenmantel, der sich in einem hell beleuchteten OP-Saal über einen aufgeschlitzten Bauch beugt und in einem dramatischen Augenblick mit der Zange eine blutverschmierte Glasscherbe ans Tageslicht befördert, während die Zuschauer hinter der Glaswand vor Begeisterung aufspringen und jubelnd Beifall klatschen.

Alle Socken werden einmal alt.

Kleine Löcher werden größer, weiße Fersen grauer und der Gummibund schwächer, bis du eines Tages den Socken aus dem Trockner fischst und dich fragst, ob deine Waschmaschine kaputt ist. Dann weißt du, der Traum ist ausgeträumt, und es ist Zeit zu shoppen.

Du kaufst neue Socken, und ein neuer sauberer Traum beginnt.

Es ist der Anfang einer neuen Freundschaft.

FANTASTISCH!

Wenn der Kilometerzähler einen bedeutenden Meilenstein erreicht

Wenn dein Kilometerzähler auf eine bedeutende runde Zahl rückt, lächelst du stolz.

»Wir haben es geschafft, alte Lady«, sagst du dann und tätschelst das Armaturenbrett oder drückst auf die Hupe, während du an der Tankstelle Schlange stehst. »Glückwunsch, Rostlaube! Hätte nicht gedacht, dass wir es zusammen so weit bringen.«

Wenn dein Kilometerzähler eine große runde Zahl anzeigt, ist das ein besonderer Tag. Angenommen, du fährst im Durchschnitt 15 000 Kilometer im Jahr, dann erlebst du so etwas nur alle fünf oder sechs Jahre.

Du hast also allen Grund zu feiern.

Ich nehme an, dass du den Moment hast kommen sehen. Vielleicht warst du letzten Monat einkaufen oder hast die Kinder zur Schule gefahren, und dir fiel die Zahl 99 398 ins Auge, oder ein 198 881 ließ dich zweimal hinsehen. Dann hattest du Zeit, dich innerlich auf den großen Tag vorzubereiten. Du hast dich gefragt, wo du dann gerade sein wirst. Vielleicht hast du zur Feier des Tages sogar ein Kleid gekauft.

Und das mit gutem Recht, denn wenn das Zählwerk deines Straßenkreuzers in eine neue Ära klickt, heißt das, er ist erwachsen geworden. Du saugst den Duft von Benzin ein und denkst mit einem zärtlichen Lächeln an all das zurück, was ihr über die Jahre zusammen erlebt habt: der Tag, an dem du gemerkt hast, dass du Auto fahren kannst; als du deine Freunde an der Raststätte hast stehen lassen und so getan hast, als würdest du wegfahren; oder die faulen Sommernachmittage, an denen du deine Hand zum Fenster hinausgehalten hast.

Eine runde Zahl auf deinem Kilometerzähler ist ein Meilenstein. Du hast es weit gebracht. Gratulation!

FANTASTISCH!

Die Kunst des Flatrate-Essens beherrschen

Gehst du in einem chinesischen Restaurant Mittagessen oder zum Brunch in ein Holiday Inn, oder bist du zu einem Hochzeitsessen eingeladen, dann stehen deine Chancen gut, in den Genuss eines Flatrate-Büfetts zu kommen.

Wenn du ein Büfett-Anfänger bist wie ich, weiten sich deine Pupillen, wenn du den langen, hübsch gedeckten Tisch voll dampfender Leckereinen vor dir siehst. Kaum wird das Büfett eröffnet, schnappst du dir einen Teller und füllst ihn mit ein paar Scheiben Brot, verschiedenen Salaten und aufgerollten Salamischeiben. Mit dem zweiten Teller geht's ans Hauptgericht: ein klebriger Berg Kung-Pao-Huhn und hauchdünne Roastbeef-Scheiben in dunkler Pilzsoße. Auf dem dritten Teller türmt sich schließlich der Nachtisch: ein paar süße Stückchen, ein klebriges Stück Käsekuchen und eine pinkfarbene Kugel Eis.

Danach hängst du proppevoll und mit erschöpftem Blick auf deinem Stuhl, dein Hosenbund spannt, und du stellst dir die alles entscheidende Frage: Holst du dir einen vierten Teller?

Der vierte Teller ist meist eine gute Idee, bevor du ihn isst, und eine schlechte danach. Du hast schon alles durchprobiert und kreierst dir jetzt deinen persönlichen Best-of-Teller, eine Auswahl der erfolgreichsten Leckerbissen, die für eine letzte Ehrenrunde zusammenkommen.

Der vierte Teller ist ein typisches Kennzeichen eines Büfett-Amateurs, denn vielleicht hat ihm der zweite Teller am besten geschmeckt, und er möchte das Essen nun damit beenden. Am indischen Büfett in der Nähe von meinem College habe ich mir jahrelang den vierten Teller geholt. Stapel von weichem Fladenbrot, cremiges Butterhuhn und scharfes Siedfleisch vom Lamm mit herzhaftem Fond. Das war einfach zu viel des Guten. Ich verließ das Restaurant mit einem prallvollen Curry- und Samosabauch.

Danach bekam ich Nachhilfe in den verschiedenen Techniken des Flatrate-Essens:

1. **Die Komplettlösung.** Nimm nicht blind einen Löffel von allem, sondern verschaff dir erst einen Überblick. Geh von Tisch zu Tisch, und achte bei deinem Rundgang besonders auf frisch aufgefüllte Platten, sichere Volltreffer wie Omelett-Stationen oder einen Typen mit Kochmütze, der dicke Scheiben von einem Braten schneidet. Das ist auch der Augenblick für eine Magenvolumen-Analyse: Für jeden Leckerbissen ist seine Köstlichkeit gegen den Platzanspruch im Magen abzuwägen. Brot, Suppe und Salat bestehen den Test selten. Und wenn du sie weglässt, schaffst du Platz für einen Extrateller.

2. **Später trinken.** Zuckerhaltige Getränke sind Kohlenhydratbomben und machen satt. Wenn du deine Pepsi auf später verschiebst, bleibt mehr Platz für die warmen Leckereien.

3. **Der Probeteller.** Das ist die Lieblingstechnik meines Vaters. Bevor die anderen erst richtig angekommen sind, steht er schon am Büfett und füllt sich von jedem Gericht eine Miniportion auf seinen Teller. Unter vielen »Hmmms« pickt er sich von allem nur ein Gäbelchen voll heraus, um zu testen, was ihm am besten schmeckt. Dazu gehört Willenstärke, aber es lohnt sich. Denn dein nächster Teller besteht aus Riesenportionen deiner zwei Lieblingsgerichte. Gut gemacht!

4. **Gestaffelte Beutezüge.** Es ist gut, Freunde zu haben. Das gilt auch beim Flatrate-Essen. Sie verhelfen dir zu einer ganz besonderen Technik: Anstatt zu warten, bis jeder mit dem ersten Teller fertig ist und dann gemeinsam für die zweite Runde anzustehen, geht jeder getrennt und hält auf seinem Beutezug für sich und die anderen Augen und Ohren offen. Was gibt es Neues, was ist noch heiß, was ist frisch und was nicht? Du weißt, deine Freunde erfüllen ihren Job, wenn sie zum Tisch zurückeilen und aufgeregt verkünden: »Es gibt frische Kokosnuss-Shrimps!« Wichtig ist, dass mindestens einer von euch so sitzt, dass er das Büfett immer im Blick hat, und sofort Alarm schlagen kann, wenn etwas Neues aus der Küche kommt.

5. **Große Teller.** Finger weg von kleinen Salat- oder Nachtischtellern. Nur die großen Speiseteller bieten jedem Gericht den nötigen Platz und vermeiden wackelige Essensberge und die Mischung von Bratensoße und Nudelsalat.

6. **Eine Frühlingsrolle mehr.** Denk nach dem Essen nicht gleich ans Zahlen. Während du vorher viel zu sehr mit essen beschäftigt warst, kannst du dich jetzt entspannt zurücklehnen und dich mit deinen Freunden unterhalten. Und du wirst sehen: Nach zehn oder fünfzehn Minuten sagt jemand: »Okay, noch eine letzte Frühlingsrolle.« Besser kann man ein Flatrate-Essen nicht beenden.

Mit diesen Tipps beherrschst auch du die Kunst des Flatrate-Essens. Danach hält dich nichts mehr, und du isst, was du kannst.

FANTASTISCH!

Wenn du in der Tasche deines alten Mantels Geld findest

Meine frühere Mitbewohnerin war am Aussortieren alter Geburtstagskarten, als aus einem vergilbten Umschlag von ihrer Oma ein 20-Dollar-Schein herausfiel. Sie zog erfreut die Brauen hoch, verzog den Mund zu einem O, streckte mir die Hand entgegen, und ich schlug ohne Zögern ein.

Wenn du in der Reißverschlusstasche deines Skianzugs einen Zehner aus dem letzten Skiurlaub findest oder ein nasser, zerknitterter Schein in deiner Waschmaschine liegt, ist das immer ein Grund zur Freude. Das ist fast so etwas wie ein kostenloses Mittagessen.

Wenn du dein eigenes Geld wiederfindest, ist das wie eine neue Währung. Du kannst damit unmöglich Schulden abzahlen oder Rechnungen begleichen. Dieses Geld gilt nur für Dinge, die du eigentlich nicht brauchst und ansonsten nicht gekauft hättest, wie zum Beispiel eine Beanie-Mütze, eine zehn Pfund schwere Tafel Toblerone oder Benzin mit hoher Oktanzahl. Es ist verfügbares Einkommen im eigentlichen Sinne des Wortes.

Pessimisten würden sagen: »Das Geld ist jetzt viel weniger wert als damals, und Zinsen hat es in der ganzen Zeit auch keine abgeworfen. Inzwischen ist alles viel teurer geworden. Mit dem Geld hätte ich viel mehr anfangen können, bevor ich es verlegt habe. Warum sollte ich also meine eigene Blödheit feiern?«

Aber sieh es doch mal so: Es ist und bleibt gefundenes Geld, mit dem du nicht gerechnet hast. Du hast es weder vermisst noch hast du danach gesucht, seit du es verloren hast. Dir sind ein paar

Cent Zinsen durch die Lappen gegangen, okay. Aber das ist ein kleiner Preis dafür, dass du jetzt diesen zusammengefalteten Schein in Händen halten und damit anfangen kannst, was du willst. Vielleicht riecht er ein bisschen nach Mottenkugeln, Waschpulver oder Omas Gesichtscreme – aber es ist immer noch Geld. Und das ist was wert.

FANTASTISCH!

Trainingshosen

Die guten alten Trainingshosen.

Sie sind so bequem, und dennoch tragen sie so wenige außer Haus. Wer traut sich schon in Trainingshosen ins Kino oder in den Supermarkt? Fast niemand. Und dabei scheinen Trainingshosen Gottes Geschenk für die Beine zu sein.

Sie sind so praktisch:

- **Kein Gürtel nötig.** Du ziehst sie hoch und fertig. Denk mal drüber nach: Wenn wir alle zu Trainingshosen übergehen würden, hätte der Gürtel ausgedient. Keine Gürtel mehr! Für immer verdrängt von einer überlegenen Entwicklung: dem Gummibund.

- **Leicht in Shorts zu verwandeln.** Hochrollen und fertig. So einfach ist das. Das ist Flexibilität pur, und dabei sehen sie nicht mal schlecht aus. Ganz anders als hochgekrempelte Anzughosen oder enge weiße Jeans.

- **Dehnbarkeit.** Hat dir schon mal jemand gesagt: »Ich habe dreißig Pfund abgenommen und musste alle Klamotten neu kaufen.«? Mir auch. Und hast du schon mal jemanden sagen hören: »Letzte Woche war ich shoppen, und jetzt passt mir nichts mehr.«? Ich auch nicht. Aber das kommt vor. Das Problem ist, dass die meisten Klamotten nicht elastisch sind, und wenn sich deine Dimensionen ändern, ändert sich auch deine Kleidergröße. Und das bedeutet: In den nächsten Laden gehen, und alles neu kaufen – alles außer Trainingshosen! Sie sind dein verständnisvoller, dehnbarer Freund im Schrank. Sie bleiben dir treu, egal, welchen Umfang du hast.

- **Wärme.** Wenn du sie als hochgekrempelte, gürtellose Shorts trägst, übersieht man diesen Vorteil leicht. Trägst du sie lang, halten sie dich wohlig warm.

- **Sie sind relativ billig.** Was ist nur mit den Hosenpreisen los? Man hat den Eindruck, man kauft mit Kaschmir gefütterte Hosen aus feinstem Kobe-Leder in limitierter Auflage. Wir reden von Hosen! Die sollten doch erschwinglich bleiben. Deshalb: Kauf dir Trainingshosen. Du kaufst sie einmal und hast sie ewig. Denn Trainingshosen kommen nicht aus der Mode. Sie bleiben in Farben und Schnitt immer gleich. Bei Trainingshosen ist Grau das neue Grau.

Lehnen wir uns also lächelnd zurück und klatschen mit anerkennendem Kopfnicken Beifall. Heben wir unsere Gläser, und stoßen wir auf die Trainingshose an! Danken wir ihr für alles, was sie für unsere Beine und Geldbeutel tut.

FANTASTISCH!

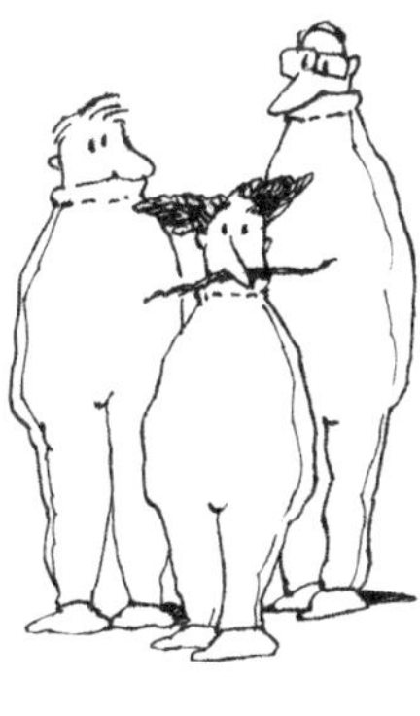

Echolachen

Als wir in der zehnten Klasse waren, hatte mein Freund Mike einen kleinen Unfall mit einem Tetrapack. Weil er dachte, der Pack sei leer, hat er ihn volle Kanne zusammengedrückt und eine Fontäne Apfelsaft schoss ihm entgegen. Sein Haar triefte, der Saft tropfte von seinen Augenbrauen, und sein Gesicht war zu einem stummen Schrei erstarrt, während wir anderen uns vor Lachen kringelten.

Noch Jahre später prustete ich unweigerlich los, wenn ich an Mikes tropfendes, schockiertes Gesicht dachte. Ich konnte nichts dagegen tun. Ich musste Echo lachen.

Beim Echolachen lachst du lauthals auf, wenn du an etwas Lustiges in der Vergangenheit denkst. Du kannst das nicht beeinflussen, es passiert einfach, entweder mit der Familie, mit Freunden oder – und dafür gibt es Bonuspunkte – wenn du allein unter Fremden bist.

Lachen tut gut: Es schützt unser Herz, senkt den Blutzuckerspiegel nach dem Essen, lässt uns besser schlafen, bringt das Immunsystem auf Vordermann und das Blut in Bewegung – ein Herzfitnesstraining für zwischendurch.

Hast du schon mal Babys beobachtet, wie sie plötzlich ohne jeden Grund zu lachen anfangen? Sie wissen, warum, und denken wahrscheinlich an irgendetwas Lustiges, das sie im Bauch der Mutter erlebt haben. Es ist ein offenes Geheimnis: Wir können viel von Babys lernen.

Wenn du deshalb das nächste Mal in der Öffentlichkeit losprustest, dann freu dich drüber und steh dazu. Das Leben ist

kurz, und je öfter du lachst, umso besser. Selbst wenn wir alt und grau sind, unsere Knochen spröde und das Haar strohig, wird die Antwort auf die folgende Frage immer noch dieselbe sein: Wie fühlen wir uns, wenn wir uns in die Augen schauen und uns vor Lachen nicht mehr einkriegen?

FANTASTISCH!

Weinen

Laut einer Studie der Wissenschaftszeitschrift *Scientific American Mind* weinen Männer x-mal und Frauen y-mal im Monat. Na, was meinst du? Wie oft weinen Frauen, und wie oft weinen Männer? (Die Lösung folgt weiter unten.)

Egal ob du über oder unter dem Durchschnitt liegst – versuche, ein bisschen öfter zu weinen. Und wenn du merkst, dass dir die Tränen in die Augen steigen, dann halte sie nicht zurück. Lass sie einfach fließen. Ich sag dir auch, warum:

- **Getröstet werden.** Weinen bringt uns einander näher. In dieser anonymen Welt geschlossener Wohnanlagen, riesiger Kaufhäuser und der virtuellen Welt des Internets brauchen wir ab und zu die Aufmerksamkeit und die Zuwendung eines Freundes. Was passiert, wenn du deinen Kumpel weinen siehst? Du umarmst ihn. Und vielleicht ist es genau das, was er in diesem Moment braucht.

- **Gut für die Gesundheit.** Studien beweisen: Emotionales Weinen ist gut gegen Stress und innere Anspannung. Im Unterschied zum Weinen beim Zwiebelschneiden werden beim emotionalen Weinen jede Menge nützlicher Anti-Stress-Hormone freigesetzt. Bestimmt hast du schon einmal gesagt: »Es geht wieder besser, ich hab mich ausgeweint.« Weinen bringt deinen Hormonhaushalt ins Gleichgewicht. Und das ist wesentlich besser, als alles in sich hineinzufressen und womöglich in deinem inneren Getriebe für einen Kurzschluss zu sorgen.

- **Kommunikation durch Tränen.** Babys weinen – lange bevor sie sprechen können. Sie sagen uns damit, dass sie müde oder verärgert sind, dass sie Angst haben oder ihnen etwas wehtut. Das Weinen ist eine angeborene Art der Kommunikation. Es sagt uns, wenn etwas nicht stimmt.

Und wenn bei Männern nur einmal pro Monat die Tränen kullern und bei Frauen fünfmal oder öfter, dann gibt es da einiges nachzuholen. Halt deine Tränen nicht zurück, weil du dich schämst oder es für ein Zeichen von Schwäche hältst. Wenn dich die Erinnerung an einen geliebten Menschen überkommt, den du verloren hast, oder du etwas erlebst, das dich traurig macht, dann schäm dich nicht und lass deinen Tränen freien Lauf.

Denn wir alle müssen manchmal loslassen.

FANTASTISCH!

Wenn du durch dein altes Viertel fährst und vor dem Haus stehen bleibst, in dem du aufgewachsen bist

Auf unserer Reise quer durch die Staaten im Frühling 2007 machten wir halt in der unspektakulären, staubigen Stadt Paris, Texas.

Nachdem wir die Kimberly-Clark-Windelfabrik, den Eiffelturm in Miniaturformat und die berühmte Statue von Jesus in Cowboystiefeln besucht hatten, bestand Ty darauf, durch sein altes Viertel und zu seinem früheren Zuhause zu fahren.

Kaum waren wir auf der bordsteinlosen Seitenstraße, die uns aus der Stadt hinaus und in sein Viertel führte, schwelgte Ty schon mit verklärtem Blick in nostalgischen Erinnerungen. »Ich hatte es nicht so schattig in Erinnerung«, sagte er nachdenklich. »Die Bäume sind viel größer.«

Als wir vor Tys altem Haus ankamen, machte er große Augen, und man sah seinem Blick an, wie er von fernen Erinnerungen überwältigt wurde. Er stieg aus und lief langsam um den Vorgarten herum, wobei er alles genau unter die Lupe nahm.

Während das Haus für uns nur ein Haufen zusammengenagelter Holzlatten, Ziegelsteine und Dachschindeln war, bedeutete es für Ty weit mehr. Denn eine Rückkehr an den Ort, an dem man aufgewachsen ist, hat etwas Tiefgründiges.

Natürlich kommt es darauf an, wie viel Zeit vergangen ist, aber bestimmt fallen dir einige ungewohnte Dinge auf.

Vielleicht fragst du dich, ob die neuen Bewohner entdeckt haben, dass die seitliche Gartentür einen perfekten Ballpartner ab-

gibt. Wenn Ty das mit Kreide markierte Karree zwischen den äußersten Latten traf, prallte sein Tennisball fast immer exakt zu ihm zurück.

Vielleicht wurde die immergrüne Pflanze mit den stacheligen Blättern und den kleinen steinharten Beeren gestutzt, die dein bestes Versteck und ein würdiger Friedhof für deine He-Man-Figuren war, als du zu Transformers übergegangen bist. Du erinnerst dich noch genau daran, wie ihre Stacheln dir die Unterarme verkratzten und wie dreckig deine Ellenbogen waren, wenn du dich abends darunter versteckt hast – und du weißt, das war es wert.

Wenn du mutig bist und klingelst oder einen Blick hinters Haus wirfst, siehst du vielleicht eine neue Glastür anstelle der rostigen Gittertür mit dem Metallschloss, das immer klemmte. Oder die alten wackeligen Terrassenplatten erinnern dich an Geburtstagspartys, auf denen es Hotdogs gab und ihr barfuß auf der Löwenzahnwiese *Kaiser, wie viel Schritte gibst du mir?* gespielt habt. Du siehst dich bei Sonnenuntergang auf der Terrasse dein Eis lecken und hörst noch die Mücken, die dich dabei piesackten.

Die Ölflecke von Papas Pickup zieren immer noch die Platten der Einfahrt, und auch deine kleinen Handabdrücke sind noch an der Ecke zum Fußweg. Du fragst dich: Bellt der Nachbarhund immer noch, wenn jemand in den Pool springt? Lassen sie die Weihnachtsbeleuchtung immer noch bis Ende Januar brennen? Versenken die Kinder den Basketball immer noch von der Motorhaube aus in den Korb?

Welche Erinnerungen auch in dir hochkommen mögen – es ist immer eine nostalgische Reise in die Vergangenheit, wenn du vor deinem alten Wohnhaus stehst. Lächelnd denkst du an Sommernächte, Ferien mit deinen Cousins und das Polsterburgenbauen am Samstagvormittag. Vielleicht hast du Glück, und dein altes Zuhause gibt es noch und ist sogar ganz in der Nähe.

Dann setz dich ins Auto, und gönn dir eine Fahrt auf der Straße der Erinnerungen.

FANTASTISCH!

Der letzte Schultag

Mein Freund Jason pflegte am letzten Schultag eine besondere Tradition.

Er hielt auf seinem Nachhauseweg auf einer Brücke, holte seine Ordner aus der Tasche und warf seine ganzen Notizen und Tests in den Bach. Dann schaute er zu, wie die Tinte im Wasser verschmierte und die aufgeweichten Blätter von der Strömung davongetragen wurden. Dieser wohltuende Anblick war für ihn der feierliche, offizielle Beginn der Sommerferien.

Obwohl nicht jeder dieses Ereignis mit der Verunreinigung der lokalen Gewässer feierte, hatte der letzte Schultag für uns alle eine große Bedeutung.

Ich weiß nicht, wie das bei dir war, unsere Schulverwaltung jedenfalls spendierte uns keine Klimaanlage. Offensichtlich dachte sie, wir halten die paar heißen Wochen vor der Sommerpause auch ohne aus. Als der kalte Winter in einen schwülen Sommer überging, trieb uns die stickige Hitze in den Klassenräumen den Schweiß aus dem Leib. Daran änderten auch die mit Büchern und Linealen offen gehaltenen Fenster nichts.

Je näher der letzte Schultag kam, desto intensiver wurde der Geruch, der den Schultaschen, Schließfächern und Spinden entstieg. Es war eine muffige Kombination aus Kautschukbällen, billigem Bohnerwachs, Gesichtscreme gegen Akne und Schließfachschimmel.

Mit den Temperaturen stieg aber auch unsere Vorfreude.

Die Tage vergingen schneller, und die Lehrer unterrichteten mit mehr Elan, die Aufgaben wurden leichter, die Termine für

Projekte kamen und gingen. Muskel-Shirts tauchten auf, das Getrappel von Badelatschen schallte durch die Gänge, und jeder strahlte dem nahenden letzten Schultag entgegen.

Und am Ende ging alles ganz schnell, und der große Tag war da.

Vielleicht brachte der Lehrer eine Ladung selbst gemachter Brownies mit, und jeder schnitt sich mit Plastikmessern ein Stück davon ab, während für einen Spielfilm ohne jeden Bildungsanspruch abgestimmt wurde.

Vielleicht wurden an deiner Schule noch Tests geschrieben, also schwänzte die halbe Klasse, während der Rest »Schiffe versenken« spielte, beim Lehrer-Schüler-Fußballspiel zusah oder sein Zeugnis in Empfang nahm.

Wenn es dein letztes Schuljahr war, bist du am Nachmittag vielleicht Steine kickend mit Klassenkameraden über den Parkplatz geschlendert, und ihr habt euch über die guten alten Zeiten unterhalten und die Dinge, die ihr vermissen werdet: deine erste Zigarette, dein Ausschluss vom Basketballteam oder die Tanzproben auf dem Gang während der Abschlussballzeit.

Die Planung von Poolpartys und Geburtstagsfeiern und die Aussicht darauf, jeden Morgen auszuschlafen, versetzten dich in Euphorie. Und auf dem Heimweg umspielt ein Lächeln deine Lippen, und du schaust mit verklärtem Blick einem tollen Sommer entgegen.

FANTASTISCH!

Die letzten Seiten in einem Buch

Ihr habt so viel zusammen erlebt.

Es scheint eine Ewigkeit her zu sein, als du es zum ersten Mal aufgeschlagen und den ersten Satz gelesen hast. Vielleicht wusstest du sofort, dass dir das Buch gefallen würde, oder du warst erst kritisch und hast dich mit einem Blick auf die anderen Bücher im Regal gefragt, ob es deine Zeit wert war.

Aber dann hat es dich plötzlich nicht mehr losgelassen.

Manche Kapitel waren so spannend, dass du bis tief in die Nacht hinein das Buch nicht aus der Hand legen konntest. Du hast im Flugzeug lachend umgeblättert, im Ferienhaus warst du zu Tränen gerührt und hast dich bei besonders bewegenden Szenen auf der Terrassenliege in eine alte Decke gekuschelt.

Wenn du auf den letzten Seiten bist, fühlst du die Spannung steigen. Du sitzt absolut still und bist hellwach, du spürst jeden Pulsschlag und blendest die Welt um dich herum aus. Vielleicht legst du das Buch zur Seite, um aufs Klo zu gehen oder ein Glas Wasser zu holen, in Gedanken bleibst du aber beim Buch und überlegst, wie es wohl enden wird: Findet sie ihre Mutter, wird er ihr seine Gefühle offenbaren, wird Gryffindor den House Cup gewinnen? Vielleicht liest du jeden dieser letzten Sätze mit Bedacht, oder du verschlingst die Seiten förmlich. Vielleicht ist deine Neugier aber auch zu groß, und du blätterst direkt zur letzten Seite. Wie auch immer – bald klappst du das Buch zufrieden zu und stellst es zu den anderen Büchern ins Regal.

Ein Buch auszulesen ist einfach …

FANTASTISCH!

Sich mit einem Lächeln an alte Freunde erinnern

Ich lernte Chris Kim im September 2005 in Boston kennen: ein kleiner, mandeläugiger Koreaner mit dicken Brillengläsern und einer ausgebleichten Kappe. Mit seinen seltsam weiten Klamotten und seiner zarten Stimme wirkte er etwas unsicher. Obwohl wir beide keine großen Trinker waren, lernten wir uns in einer Bar kennen. Ich zog mit einem hauchdünnen Strohhalm an meinem Gin Tonic, während er mit beiden Händen ein großes Glas Bier wärmte, an dem er ab und zu nippte.

Als er sagte, dass er aus Boston komme, fragte ich ihn nach den Red Sox, und er ging höflich darauf ein. »Cooles Spiel gestern Abend«, begann er vorsichtig. »Vielleicht haben wir noch eine Chance auf die Playoffs?« Das veranlasste mich zu einem ausgedehnten Monolog über den Bullpen-Bereich und darüber, ob Curt Schilling genug Dampf hatte, um noch mal durchzutanken. Er hörte aufmerksam zu, nickte und stellte ernst gemeinte Fragen. Und so begann unsere Freundschaft ausgerechnet mit einem Gespräch über Baseball. Er schaute sich die Spiele selten an, ließ mich aber trotzdem den ganzen Abend darüber quatschen.

Mit seinem schiefen Lächeln, den verlegenen Sprechpausen und seinem scheinbar ernsten Gesicht war Chris ein vielschichtiger, faszinierender und kreativer Typ und wurde in den zwei Jahren, in denen wir zusammen zur Schule gingen, ein echt guter Freund. Er konnte sich voller Elan eine Stunde lang mit dem Karamellisieren von Zwiebelringen beschäftigen oder mit Enthusiasmus an einer Befragung über seine Radiogewohnheiten

teilnehmen, für die er zufällig ausgewählt worden war.

Es war nicht der Abend in der Bar, der unsere Freundschaft gedeihen ließ. Es war die Sache mit dem Auto.

Als ich an unserem ersten gemeinsamen Wintermorgen in einem dünnen Nylonanorak und mit triefend nassem Haar zähneklappernd das Klassenzimmer betrat, fragte mich Chris, wo ich wohnte, und schlug vor, mich am nächsten Morgen abzuholen. Und während ich mir mit ein paar Kleenex-Tüchern das Gesicht abwischte, nahm ich sein Angebot dankbar an. Zu meinem Glück hatte sich Chris als Seniorschüler in einem außerhalb liegenden Studentenwohnheim eingeschrieben und verbrachte zwei Jahre lang seine freie Zeit damit, bei Veranstaltungen den Anstandswauwau zu spielen, indem er Köpfe über Toiletten hielt und pro Abend zwei, drei Lebensläufe redigierte.

Er holte mich von da an für die nächsten zwei Jahre jeden Morgen ab. Das waren gut ein paar hundert Fahrten, doch wenn ich ihm Benzingeld geben wollte, sagte er nur: »Ich fahre hier sowieso vorbei.« Als andere von meinem Taxiservice erfuhren, versuchten sie, auch davon zu profitieren. Das fing an mit »He Chris, für morgen ist ein Schneesturm angesagt, kannst du mich abholen?« und endete damit, dass Chris jeden Abend drei oder vier von uns eine E-Mail mit dem Busfahrplan – wie er es nannte – schickte, der meist auf die Minute stimmte. Und so chauffierte er uns jeden Morgen – die Hände in dicke Fäustlinge gepackt und auf dem Kopf seine unverwechselbare Mütze – in seinem alten Auto, das er vorher für uns vorgewärmt hatte.

Letztes Jahr startete ich nervös die Website, die mich zu diesem Buch inspiriert hat, und streckte vorsichtig meinen großen

Zeh in die virtuelle Welt des Internets. Und Chris bombardierte die Website unter dem Pseudonym seines mexikanischen Halbbruders San Carlos mit vielen interessanten Kommentaren.

Über knallende Luftpolsterfolie schrieb er: »Ich habe gehört, dass die Folie wegen der Luftpolster ein prima Isoliermaterial ist. Wenn dir also kalt ist, LASS SIE NICHT KNALLEN, sondern wickle dich darin ein.« Passendes Zahlen kommentierte er damit: »Ich sammle Kleingeld immer im Auto und bezahle damit bei meinem nächsten Besuch in einem McDonald's Drive-Thru.« Und das war sein Kommentar zum Kapitel »Mit einem Baby spielen, ohne die Windeln zu wechseln«: »Mir machte es nie etwas aus, meinen Neffen die Windeln zu wechseln. Seltsam wurde es erst, als sie anfingen zu sprechen.«

Ich mag seinen Humor, ich mochte überhaupt seine ganze Art. Allein sein Lachen: Er lachte oft schon über kleine Dinge und konnte sich für Details begeistern, die den anderen gar nicht auffielen. Als sich nach der Schule unsere Wege trennten, telefonierten Chris und ich mehrmals pro Woche. Er erzählte mir dann von dem Sauerteigbrot, das er gerade gebacken hatte, dem Festessen, das er am Abend Freunden servieren wollte, oder von einem Artikel in der *New York Times*, der mich seiner Meinung nach interessieren könnte. Ich fragte ihn nach Ideen für fantastische Dinge – er hatte viele – und laberte ihn über Sport zu.

Chris starb letztes Jahr überraschend. Er war 32 Jahre alt.

Nichts kann ihn zurückbringen. Aber ich weiß, er ist an einem friedlichen Ort und würde sich wünschen, dass wir alle glücklich sind und unser Leben genießen, so gut wir können. Danke, Chris. Du wirst mich immer inspirieren.

Und du wirst immer ein FANTASTISCHer Kerl sein.

Sich glücklich schätzen, dass wir hier sein dürfen

Eines Abends erzählte mir mein Vater beim Essen von seinem ersten Tag in Kanada.

Es war im Jahr 1968, und er flog als Dreiundzwanzigjähriger mit acht Dollar in der Tasche in ein Land, in dem er noch nie zuvor gewesen war, um dort ein neues Leben anzufangen.

»Ein Bürgerverein veranstaltete ein Begrüßungsessen für neue Immigranten«, begann er. »Und es gab einen Riesentisch voller Essen!«

Ich war unbeeindruckt.

»Ein Tisch voll Essen«, wiederholte ich ausdruckslos, ohne meine Augen vom Fernseher zu wenden – es wurden gerade Baseball-Highlights übertragen.

»Ein Tisch voll mit Essen«, fuhr er fort. »Ich hatte so etwas noch nie zuvor gesehen, Neil. Es gab zwei oder drei verschiedene Salate: Kartoffelsalat, Makkaronisalat und ich glaube Krautsalat. Vier verschiedene Sandwichsorten: Schinken-, Truthahn-, Hühnchen- und Roastbeefsandwiches. Und dann gab es noch das Hauptgericht, sie nannten das Thunfischkasserolle. Zum Nachtisch gab es Kuchen. Noch nie zuvor hatte ich Kuchen gesehen.«

Ich legte die Fernbedienung weg und schaute ihn verblüfft an. Seine Augen zuckten hinter den dicken, eckigen Brillengläsern wild hin und her.

»Woher wusstest du, was das alles war?«

»Mein Bruder war dort, und ich ließ mir von ihm erklären,

was es gab. Das Tablett mit dem Aufschnitt war anders, als ich es gewöhnt war: Das Hühnerfleisch war nicht am Stück, sondern in Scheiben geschnitten und mit einem Zahnstocher zu Röllchen geformt. Ich kannte Hühnerfleisch in Hühnerform, aber nicht als aufgerollten Aufschnitt. Das Gleiche beim Käse: Es gab Aufschnitt und Käse am Stück.«

»Was hast du gegessen?«, fragte ich.

»Ich hab alles probiert – ich war schließlich neugierig. Unglaublich, was du hier alles kaufen kannst!«

Wenn mein Vater mit mir in den Supermarkt ging, staunte er über die Schilder neben den Früchten. Es faszinierte ihn, dass Ananas aus Costa Rica und Kiwis aus Neuseeland kamen. Zu Hause suchte er die Länder dann manchmal im Atlas. »Da hat jemand Datteln von Marokko gekauft und sie auf dem Heimweg vom Supermarkt verloren.«

Da konnte mein Vater nur lächelnd den Kopf schütteln.

Denken wir doch einen Moment darüber nach: Es musste viel passieren, um dort anzukommen, wo wir heute sind, um Bananen aus Ecuador und Truthahnaufschnitt zu essen und um Bücher über warme Unterwäsche und kühle Kissen zu lesen. Es musste viel passieren, bevor wir überhaupt lesen konnten. Es war ein weiter Weg, bevor wir erwachsen wurden, sprechen und laufen konnten – bevor wir überhaupt geboren wurden …

Halten wir einen Augenblick inne und gehen ganz, ganz weit zurück.

Am Anfang warst du eine Samenzelle.

Kein Grund, verlegen zu werden. Wir alle waren Samenzellen. Schau dir den Punkt am Satzende an: Er ist 600 Mikrometer groß. Als Samenzelle warst du 40 Mikrometer groß. Und du warst so süß damals, bist schwanzwedelnd durch die Gegend ge-

flitzt. Und wie du schwimmen konntest! Wenn du deine Geschwister damals nicht abgehängt hättest, wärst du jetzt wohl eine leicht veränderte Version deiner selbst. Vielleicht hättest du ein breiteres Lächeln, mehr Haare an den Armen oder wärst fünf Zentimeter kleiner.

Du hattest ein tolles Leben als Samenzelle, aber dir hat immer etwas gefehlt – bis du ein Ei gefunden hast. Ihr habt euch zusammengetan und ein neunmonatiges Projekt gestartet, das dich komplett verändert hat: Dir wuchsen Arme und Beine, du bekamst Augen, Lungen, Nerven, Nägel, Trommelfelle und eine Zunge.

Damit deine Samenzelle ihr Ei finden konnte, musste dein Vater deine Mutter finden. Aber nicht nur sie. Überleg mal: Wie viele Leute mussten sich treffen, sich verlieben und Sex haben, damit du geboren wurdest? – Unendlich viele.

Keiner deiner Vorfahren ist in einem Teich ertrunken oder von einer Python erwürgt worden oder mit den Skiern auf einen Baum gefahren. Keiner ist an einem Pfirsichstein erstickt, wurde von Büffeln zertrampelt oder hat sich mit der Krawatte in einem Fließband verfangen.

Keiner deiner Vorfahren war Jungfrau.

Du bist der jüngste, vielversprechende Spross unzähliger Überlebenskünstler.

Und alle haben sie einander gefunden: Deine Großmama aus dem 19. Jahrhundert traf in einer Kerzenmanufaktur auf deinen Großpapa aus dem 19. Jahrhundert. Sie mochte seine Koteletten, und er fand sie zuckersüß.

Deine Großmama aus dem Mittelalter lernte deinen Großpapa aus dem Mittelalter kennen, als sie heißes Öl von einer Burgmauer über plündernde Wikinger gossen. Sie mochte seine sonore Bassstimme, und er mochte die Blumen in ihrem Haar und ihren wippenden Busen.

Dein Großpapa aus der Eiszeit überquerte die Beringbrücke in einem dichten Mammutfell, als er deiner Eiszeit-Großmama begegnete, die mit einer Keule über der Schulter in die andere Richtung unterwegs war. Ihm gefiel ihre Säbelzahnkette, und sie mochte seine zusammengewachsenen Augenbrauen.

Als dein nackter Dschungel-Opa vor Urzeiten Beeren pflückte, jagte deine Dschungel-Oma einen Dodo fürs Abendessen. Sie mochte seinen strengen Dschungelgeruch und er ihre Höhlenmalereien. Und wenn es danach nicht zu einem Picknick gekommen wäre, wärst du jetzt vielleicht nicht hier.

Du kannst von Glück sagen, dass sie sich getroffen und einander gefallen haben, Sex hatten, Babys bekommen und großgezogen haben, die mit all dem wieder von vorn anfingen. Schau dich um: Im Flugzeug, im Café oder im Park passiert gerade genau dasselbe. Schau dir deinen Mann an, der schnarchend neben dir im Bett liegt, deine Freundin, die neben dir fernsieht, oder deine Schwester, die im Garten Seil hüpft. Du bist von Erfolgstypen umgeben. Sie sind alle das Ergebnis einer langen Reihe von Überlebenskünstlern.

Und auch du bist ein Überlebenskünstler. Das Beste, was die Natur zu bieten hat.

Doch es musste viel passieren, bevor deine starken, leidenschaftlichen Vorfahren sich treffen konnten.

Gehen wir also noch weiter zurück.

Zieh dir Schuhe an. Feldarbeit ist angesagt.

Nimm eine Bowlingkugel, und lass sie am Rand deiner Einfahrt fallen. Das ist unsere Sonne. Die Kugel hat einen Durch-

messer von etwa zwanzig Zentimetern, während es bei der Sonne 1,4 Millionen Kilometer sind. Aber das ist unser Maßstab für dieses kleine Experiment. Geh jetzt acht große Schritte deine Straße hinunter und lass auf dem Nachbarrasen ein Salzkorn fallen. Das ist der Merkur. Geh noch mal neun Schritte weiter und lass ein Pfefferkorn fallen. Das ist die Venus. Und dann gehst du noch sieben Schritte weiter – du müsstest jetzt zwei, drei Häuser von deinem Haus entfernt sein – und lässt wieder ein Pfefferkorn fallen.

Jetzt hast du's.

Dieses Pfefferkorn ist unsere Erde.

Und da sind wir und sonnen uns, sechsundzwanzig große Schritte von der Bowlingkugel entfernt. Unser Planet ist nur ein winziges Körnchen mitten im All. Und das Verrückte ist: Es geht noch weiter.

Der Mars ist nur ein paar Häuser weiter die Straße hinunter, aber den Jupiter erreichst du erst nach fünfundneunzig Riesenschritten, wenn du schon fast aus dem Viertel hinaus und auf halbem Wege zum Laden an der Ecke bist. Wahrscheinlich leckt mittlerweile schon ein Hund an der Bowlingkugel, und Kinder fahren auf ihren Rädern an dir vorbei, schlecken an ihrem tropfenden Eis und fragen sich, ob sich dieser Körner werfende Spinner wohl für Hänsel und Gretel hält.

Um unser Sonnensystem fertig zu machen, musst du noch zwei- bis dreihundert Meter weiter gehen, um schließlich eine halbe Meile von der Bowlingkugel entfernt ein Salzkorn für den Pluto fallen zu lassen. Du kannst die Bowlingkugel mit dem Fernglas nicht erkennen, und es wird so langsam kalt, also machst du dich auf den langen Heimweg.

Doch das absolut Verrückte ist: Das ist nur unser Sonnensystem. Das sind nur unsere paar Brocken, die um unseren hellen, großen Bowlingkugelstern kreisen.

Und unser Stern mitsamt seinen Salz- und Pfefferkörnern ist nur einer von zweihundert Milliarden anderen Sternen, die auf einer Rennstrecke im großen, weiten Kosmos unterwegs sind. Du müsstest die gesamte Erde achttausendfach mit Bowlingbällen übersähen, um alle Sterne dieser Rennstrecke darzustellen. Und weißt du, wie die Rennstrecke heißt? Genau, sie heißt Milchstraße. Wahrscheinlich haben die Wissenschaftler gerade Milky Way gegessen, als sie sie durch ihre Fernrohre hindurch entdeckt haben.

Unsere Bowlingkugel und die Salz- und Pfefferkörner rasen also auf einer gigantischen Galaxien-Rennstrecke mit Milliarden von anderen Bowlingkugeln, Salz- und Pfefferkörnern.

Doch das ist noch nicht alles: Das ist nur unsere Galaxie. Und weißt du, wie viele gigantische Galaxien-Rennstrecken es im Weltall gibt? Nicht viele. Aber mehr, als wir zählen können. Wie viele es genau sind, weiß keiner. Sicher ist nur, dass alle paar Jahre jemand etwas weiter in die Dunkelheit hinausblickt und weitere Millionen von ihnen findet. Wir wissen nicht, wie weit es hinausgeht. Unsere Raketen kommen nicht so weit, und selbst unsere dicksten Teleskope sehen nicht so weit.

Wenn du dich nach diesem ganzen Gerede über den unendlichen Raum jetzt klein und unscheinbar fühlst, hör gut zu. Denn hier kommt das Gigantischste überhaupt: Unter all den Planeten scheint die Welt die einzige zu sein, auf der Leben möglich ist. Der einzige Ort! Natürlich könnte es irgendwo da draußen einen belebten Planeten geben, und wir haben ihn nur noch nicht entdeckt. Der Punkt aber ist: Die Erde hätte genauso gut eine An-

sammlung von Schwefelgas sein und für immer in der Dunkelheit liegen können. Sie hätte Winter haben können, in denen das Thermometer einige hundert Grad unter null fällt und die wie beim Uranus zwanzig Jahre andauern.

Und auf diesem Planeten Erde sind wir als Menschen geboren worden.

Gratulation!

Auf dem einzigen belebten Planeten sind wir die einzige Spezies, die zu Dingen fähig ist wie Liebe und Magie, Architektur und Landwirtschaft, Schmuck und Demokratie, Flugzeugen und Highways. Wir sind die einzigen Wesen, die etwas wie Wohnkultur und Sternzeichen, Modemagazine und Hauspartys, Horrorstreifen mit Monstern und Rockkonzerte kennen. Wir haben Bücher, Büfetts und Radiowellen, Bräute und Achterbahnfahrten, saubere Bettwäsche und bequeme Fernsehsessel, Bäckereiluft und Regenluft, Luftpolsterfolie und verbotene Nickerchen.

Wir haben all das. Doch hör zu.

Wir haben maximal einhundert Jahre, um das alles zu genießen.

Hart, aber wahr.

Jede einzelne Person in deinem Bekanntenkreis wird in hundert Jahren tot sein: der Vorarbeiter in deiner Firma, der Kassierer im Supermarkt, deine Lehrer, jeder, neben dem du aufgewacht bist, die Kinder in deiner Straße, jedes Baby, das du auf dem Arm hattest, jede Braut vor dem Altar, jeder Telefonverkäufer, der dich beim Abendessen stört, jeder Politiker in jedem Land, jeder Schauspieler in jedem Film, jeder, der dich auf der Autobahn schon überholt hat, jeder in dem Raum, in dem du gerade sitzt, jeder, den du liebst, und auch du selbst.

Das Leben ist so fantastisch, und wir haben nur einen kurzen Augenblick, um alles zu genießen, was wir sehen. Und dieser kurze, flüchtige Augenblick ist genau jetzt. Die Zeit läuft.

Du wirst nie wieder so jung sein wie in diesem Moment.

Ob du also deinen ersten aufgerollten Truthahnaufschnitt genießt oder über Äpfel aus Südafrika staunst, ob du von entfernten Verwandten träumst oder in den unendlichen, schwarzen Raum hinaufschaust – denk immer daran, was für ein Riesenglück wir haben, diesen Augenblick zu erleben.

Wenn du nicht aufhörst, die kleinen Freuden im Leben zu genießen und über sie zu staunen, dann bist du Teil einer internationalen Gruppe unverbesserlicher Optimisten, die lächelnd den Gehweg entlanglaufen, auf Hochzeiten tanzen bis zum Umfallen und nachts ihr Kopfkissen umdrehen. Also schlag ein, und geh weiter deinen wilden Gedanken nach, träum weiter große Träume, und lache aus vollem Halse.

Danke, dass du dieses Buch gelesen hast.

Du bist

FANTASTISCH!

Danksagung

Der Sonne sei Dank für die Wärme, das Leben und die schönen Sonnenuntergänge.

Meiner alten Campuszeitung *Golden Words* danke ich für vier schöne gemeinsame College-Jahre. Besonderer Dank gilt Jay Pinkerton und Mike Jones für ihre guten Ratschläge und Ideen.

Der *New York Times* danke ich für die sonntäglichen Denkanstöße. Ich krieg nicht genug davon.

Sam Javanrouh danke ich für die Fotos in der amerikanischen Originalausgabe dieses Buches. Für das nötige Fachwissen danke ich meinen Blogger-Kollegen Frank Warren von *PostSecret*, Jen Yates von *Cake Wrecks*, Christian Lander von *Stuff White People like*, Ben Huh von *FAIL Blog*, Gala Darling von *galadarling.com*, David Cain von *Raptitude* und Adam Fuhrer von *PICDIT*.

An Mu, Andy und alle anderen von *Digg*: Danke, dass ihr mich in eure bunte Welt aufgenommen habt. Ich danke Drew Curtis von *Fark* für die Liebe zu alten gefährlichen Spielplätzen.

Ich danke den vielen guten Lehrern, die ich über die Jahre hatte, vor allem Herrn Olson, Herrn Mac, Herrn Howes, Frau Eales, Ajay Agrawal, Mike Wheeler, Frances Frei und André Perold. Mein besonderer Dank gilt Frau Dorsman, die mich in der dritten Klasse aus meinem Schneckenhaus gelockt hat.

Ich danke Kanada und den Vereinigten Staaten. Ich bin gern euer Bürger. In beiden Ländern habe ich tolle Jahre verbracht und tolle Leute kennengelernt. Klar bemüht ihr euch weiter um euren letzten Schliff, aber es ist schon so vieles genauso, wie es sein muss.

Mein Dank gilt allen von *Section A*, insbesondere Brian, Rob, Erik und Ryan. Meinen alten Freunden Scott, Mike, Rye, Chad und H: Danke, dass ihr zu mir gehalten habt, obwohl ich euch in der Grundschule zum Zeitungslesen gezwungen und euch leckere Pizzaschnitten und Fruchtbonbons weggenascht habe. Besonderer Dank gilt Chad für seinen Beitrag zu inoffiziellen Fastfood-Menüs.

Dank an Jdurley, Mike Dover und Freddo für eure unzähligen zündenden Ideen und fantastischen Kommentare. Danke auch für deinen fundierten Rat und deine treue Freundschaft, Freddo.

Mein Dank gilt allen, die *Fantastisch* gelesen oder mit Kommentaren über E-Mail, MyFace, Tweeter oder Facebook unterstützt haben.

Ich danke *WordPress* für die Präsentation meiner Website vom ersten Tag an. Ihr gebt Leuten auf der ganzen Welt eine Stimme.

Ich danke all meinen Freunden für ihre Unterstützung, besonders Dee, Ryan, Gill, Drew, Joey, Alec, Danielle, Roz, Shiv, Arlene, Baxter, Dave, Angela, Bob, Jim, Andrew, Ryan, Kevin und Agostino.

An Ivan, Matthew, Halli, Amanda, Beth und alle Mitarbeiter von *AEB/Putnam und Penguin Publishing* – danke, dass ihr an das Projekt von Beginn an geglaubt habt. Es war mir ein Vergnügen, mit euch zusammenzuarbeiten.

Mein besonderer Dank für die hervorragende Zusammenarbeit geht hier an Amy Einhorn, der Herausgeberin dieses Buches.

Ich danke den Mitarbeitern von *William Morris Endeavor*, insbesondere Cathryn Summerhayes, Tracy Fisher, Raffaela DeAngelis, Michelle Feehan, Laura Bonner, Lauren Heller Whitney, Janelle Milanes und der einzigartigen Erin Malone – du hast mein Leben verbessert, und dafür bin ich dir unendlich dankbar.

Mein Dank gilt Louis Sachar, dem Autor von *Sideways Stories from Wayside School.* Sein Buch hat ein Kind zum Schreiben inspiriert.

Guy Ottewell danke ich für die Erlaubnis, sein Tausend-Yard-Modell mit den Bowlingkugeln und Pfefferkörnern zu verwenden.

Für alle, die sich für Guys wissenschaftliche Experimente interessieren: http://www.universalworkshop.com.

Dank an Conan O'Brien, Craig Ferguson, David Sedaris, Jerry Seinfeld, Oprah und Ellen. Ich bewundere euer Talent und eure Leidenschaft.

Ich danke den *Webby Awards* für ihre Anerkennung. Ich bin geschmeichelt und dankbar.

An Jim Davis, Bill Watterson und Gary Larson – danke, dass ihr ein unbeliebtes Kind mit einem altbackenen Haarschnitt vor der Schule zum Lachen gebracht habt.

Danke, Reenah und Dina Kim, für eure Unterstützung während des ganzen Projekts. Ich danke meinem Freund Chris, möge er in Frieden ruhen. (Wir sehen uns bald.)

Dank allen, die die Welt ein bisschen besser machen, sei es, indem sie Bedürftigen helfen, Kindern beibringen, das Leben zu lieben, oder Fremde zum Lachen bringen – ihr seid bewundernswert.

Mein tiefster Dank gilt meiner Mutter, meinem Vater und Nina. Alles, was ich im Leben erreicht habe, verdanke ich euch.

Und schließlich ein Dankeschön an dich, lieber Leser. Danke für die schöne Zeit zusammen. Und wenn dir fantastische Dinge einfallen, die das Leben schöner machen, dann schreib mir doch einfach an: 1000awesomethings@gmail.com oder an:

PO Box 361, Station B, Toronto, ON M5T2W2.

Mach's gut!